鬼《き》谷《こく》子《し》

全訳注

中国最古の「策謀」指南書

高橋健太郎

草思社

まえがき

本書は中国古典『鬼谷子』の全訳注書です。
とは言っても、日本では『論語』や『孫子』は知られていても、『鬼谷子』についてはほとんど知られていないというのが現状でしょう。そこで、まず『鬼谷子』が中国において知識人にどのように評価されてきたのかを見てみます。

「説く言葉はいよいよあやしく、説く道はいよいよ狭く、人を狡猾ででたらめにし、節度を失わせ、たやすく陥れる」――柳宗元「弁鬼谷子」

「書かれていることは皆つまらない人間の邪悪な知恵であり、家に用いれば家が亡び、国に用いれば国が倒れ、天下に用いれば天下を失うだろう」――宋濂《そうれん》「諸子弁」

つまり酷評です。
もちろん著者の鬼谷先生を「一代之雄」と評価した高似孫のように『鬼谷子』を肯定的に評価した人間もいないことはありませんが、ごく一部であり、邪道異端の書というのが、歴代のいわゆる良心的な知識人の一致した見解でした。

では、そこまで言われる『鬼谷子』にはいったい何が書かれているのか？

それは、中国戦国時代に活躍した「縦横家《しょうおうか》」による、いかに人を動かし物事を成し遂げるかについての教えです。

戦国時代と縦横家

日本にも戦国時代がありますが、中国の戦国時代は、晋という国が韓、魏、趙の三国に分裂した紀元前四五三年頃から秦の始皇帝が中国を統一する紀元前二二一年までの時代を言い、燕、趙、斉、魏、韓、秦、楚の有力な七国（戦国七雄）がしのぎを削っていました。

この時代の空気について儒家の大物思想家・荀子《じゅんし》の弟子・李斯は、次のような言葉を残しています。

「これこそ、無位無官の人間が活躍するときであり、遊説家にとって絶好の時代である（此れ布衣馳騖《ちぶ》するの時にして、遊説者の秋《とき》なり）」

戦国時代には、多くの地位も後ろ盾もない人間が自らの弁舌を頼りに各国を渡り歩き、あるいは王に策を授け、あるいは他国への使者に立ち、あるいはライバルをおとしいれ、成りあがって権力を手中にしていたのです。実際、「遊説者の秋《とき》」を喝破した李斯もまた、秦にもぐりこんで宰相にまで上りつめています。

この戦国時代の遊説家たちは、のちの漢の時代に「縦横家《しょうおうか》」という名前で呼ばれ、一つの学派としてその教えが整理されることになります。

縦横家として分類される人物としては、陳軫《ちんしん》、虞卿《ぐけい》、范雎《はんしょ》、公孫衍《こうそんえん》などの名前がよく挙げられますが、その代表格といえば、なんと言っても蘇秦と張儀でしょう。

この二人の事績については、詳しく紹介するだけの紙幅がありませんが、ごくかいつまんで言えば、蘇秦は当時の最強国・秦に対抗するために残りの六国による同盟を結ぶ「合縦策《がっしょうさく》」を成功させたことで知られる人物であり、張儀はその「合縦策」に対抗して、秦のために六国が個別に秦と同盟を結ぶ「連横策《れんこうさく》」をすすめたとされる人物です。

ともに各国の王を言葉一つで動かし、天下の趨勢を左右した弁舌のすさまじさで知られ、『史記』にその伝を書いた司馬遷は、

「この二人はまことに危険極まる男たちだった（此の両人は真に傾危の士なるかな）」

とまで書いています。

そして、何を隠そうこの二人こそ、『鬼谷子』の著者とされる鬼谷先生に直接教えを受けた弟子とされる人物たちであり、実際『史記』、『戦国策』に記録された各国の王たちを動かす彼らの弁舌は、まさしく『鬼谷子』の説く飛箝《ひかん》の術、揣摩《しま》の術そのもの。つまり、『鬼谷子』に書かれた教えは、天下を動かすほどの威力を秘めたものだったと言えるわけです。

だからこそ、『鬼谷子』は、古典に高尚さや理念を求める知識人に非難され続けながらも、その裏でキレイごとではすまない現実に向き合うための知恵を求める人々によって、確固として読み継がれてきました。

その結果、同時代に書かれたほとんどの書物が失われる中、二千数百年の時のふるいにかけられてなお今も残っている。この事実自体が、この本の持つ価値を証明していると言えるでしょう。

『鬼谷子』は何を説いているのか?

自らの舌先一つで戦国の乱世を渡り歩いた縦横家による知恵の結晶とも言える『鬼谷子』を見てみると、大きく分けて二つの要素から成り立っていることが分かります。すなわち、

一、権力者を言葉で動かすための説得術

二、身の安全をはかりながら物事を成し遂げるための謀略術

です。その内容はいずれも、秩序と倫理を重んじる儒家（『論語』など）とも、脱俗と自由を求める道家（『荘子』など）とも違い、目の前の現実を冷徹に分析し、その真っただ中で身を守りつつ、物事を成し遂げるための理論と技術。言うなれば、縦横家の発見した人間が現実社会で生き残り、成功するための二つの活路なのです。

その中身は極めて具体的であり、読めば誰もが気が付くように、現実の根本をとらえる形而上学的な基礎を持ちつつ、それが実践的な「術」にまで昇華されています。そのウソのないリアルな内容は二千数百年経った今に至って全く古びていません。

読めば読むほど、味わえば味わうほど現代の我々にとっても有益で奥深い指針、教訓、そして具体的な解決を引き出すことができるはずです。

本書が、そんな『鬼谷子』という稀な古典との有意義な交流のきっかけとなったとすれば、筆者としてこれにまさる幸いはありません。

『鬼谷子全訳注』目次

第四部

『鬼谷子』という本のプロフィール

まずは、『鬼谷子』という書が、いつどのように出来上がったのか？　作品自体のプロフィールを見ていきましょう。なお、ここからの話は、『鬼谷子』という作品の成立や周辺の事情についての多少マニアックな内容になります。したがって、読み飛ばしていきなり本文から読んでいただいてもかまいません。あるいは後で気が向いたときに戻ってきて読むのもいいでしょう。

『鬼谷子』は最古の図書目録に記載がない

中国古典の研究では、その書物の古さを探る場合、まず各王朝の図書目録を見ていくという方法が基本となります。

そこで『鬼谷子』についてそれを行ってみると、『鬼谷子』という書名が図書目録の上で初めて現れるのは、『隋書』経籍志において。これはつまり、最古の図書目録である『漢書《かんじょ》』芸文志《げいもんし》には載っていないということです。

これは重要な事実です。

これをそのまま受け取れば、秦帝国統一の前、つまり先秦期の書であるはずの『鬼谷子』が、その数世紀後の漢の時代にまだなかったことになるからです。

実際、このことを根拠に『鬼谷子』は先秦期の古い書籍ではなく、後の時代にでっちあげられた偽書であるという説（唐・柳宗元、明・胡応麟《こおうりん》、清・姚際恒《ようさいこう》など）もあります。

しかし、ここで考えたいのは、余嘉錫《よかしゃく》『古書通例』（これは中国古典に向き合いたい人必読の基本書です）が指摘するように、ある図書目録に名前がないことだけを根拠に、その本が存在しなかったかのように決めつけるのは危険だということです。図書目録に載らないことには、載せるにふさわしいと判断されなかった、民間に秘蔵されていて宮廷の蔵書に収められていなかったなど様々な理由がありうるからです。

これは『古書通例』でも指摘されていることですが、実際は『漢書』芸文志の作られた頃には、すでに『鬼谷子』という書は存在したと思われます。というのも、前漢の劉向《りゅうきょう》による『説《ぜい》苑《えん》』善説《ぜんぜい》篇に「鬼谷子曰く」という形ではっきりと『鬼谷子』が引用されているからです。

また、さらに付け加えれば、唐の司馬貞による『史記』の注釈『史記索隠』には、太史公自序（著者・司馬遷が自身について書いたパート）にある一文「聖人は朽《たく》みならず、時変、是れ守る。虚は道の常なり、因は君の綱なり」について『鬼谷子』を引用したものだと指摘しています（ただし、今の『鬼谷子』にこの文はありません）。この注を信用すれば、司馬遷もまた『鬼谷子』を読んでいたことになり、劉向よりもさらに一世紀近く時代は遡ることになります。

つまり、周辺資料の上だけを見ても、少なくとも前漢の頃には、内容的に現行本と完全に一致するのかは別として、『鬼谷子』という書自体が存在していたことはかなり確率が高いのではないでしょうか。ここでイメージをつかむために年代を示しておきます。秦が中国を統一し戦国時代が終わったのが紀元前二二一年、劉邦によって前漢が成立したのが紀元前二〇二年、司馬遷が生まれたのが紀元前一四五年か一三五年です。

ちなみに、『古書通例』では、『鬼谷子』は『漢書』芸文志にある『蘇子』(まえがきでも触れた鬼谷先生の弟子・蘇秦の著書)の中の一部が独立したものという説が唱えられていますが、それを強く支持する材料もまだ出てきていませんので、未だ諸説の一つの域を出ていません。

『鬼谷子』の成り立ち――第一部と第二部について

では、今度は『鬼谷子』そのものの内容から、成立の事情を探っていきましょう。

まず、結論から言えば、現在私たちの見る『鬼谷子』は、『論語』や『老子』などの他の先秦期の古典と同様、徐々に内容を付加され、あるいは削られながら今見る形に出来上がってきたものです。そのことは、『鬼谷子』が明らかにいくつかの種類のテキストの複合から成り立っていることからも明らかです。

例えば、許富宏『鬼谷子研究』は、『鬼谷子』の内容をその特徴の違いから、次の四つの部分に分けて論じています。

第一部、「捭闔《はいこう》」「反応」「内揵《ないけん》」「抵巇《しぎ》」「飛箝《ひかん》」「忤合《ごごう》」の六篇
第二部、「揣《し》」「摩」「権」「謀」「決」の五篇
第三部、「符言」篇
第四部、「本経陰符」「持枢《じすう》」「中経」の三篇。

この分類の優れているところは、第一部と第二部を分けたところです。

格言集の形をとっている第三部と、メンタルコントロールがテーマで本文の中で一組であることがはっきり言われている第四部が他と区別されることは明らかなのですが、従来、第一部と第二部はほとんど区別されず、一連のパートとして扱われてきました。

しかし、許富宏は、第一部が最初の「捭闔」篇の内容を基礎に展開され、第二部が最初の「揣」篇の内容を基礎に展開されていること、第一部で出てくる特殊な用語は第一部の中だけで使われ、第二部で出てくる特殊な用語は第二部の中だけで使われること、第一部と第二部の音韻上の特徴の違いなどから第一部と第二部を区別しました。

このことは『鬼谷子』の成立を考える上で重要です。というのも、『鬼谷子』の成立については、実は最も古いとされる記事があるのですが、これの持つ意味を変えるからです。

それが、唐・司馬貞『史記索隠』の蘇秦列伝にある「鬼谷先生」という語に付せられた「楽《らく》

壹《いっ》、鬼谷子書に注して云わく、蘇秦、其の道に神秘なるを欲す。故に名を鬼谷に仮《か》る（楽壹は『鬼谷子』に注して言った。蘇秦は自分の学問を神秘めかすために「鬼谷」の名を借りた、と）」という注。この今に伝わらない楽壹の言葉は『鬼谷子』を蘇秦の著書であるとする根強い根拠となっていて、先ほど見た『古書通例』も引用しています。

しかし、許富宏の言うように『鬼谷子』の核となる第一部と第二部が別人の手になるとすれば、この記事を信用するにしても、蘇秦がどの部分を書いたのかが問題になってくるはずなのです。つまり、少なくとも単純な蘇秦著書説は成立しなくなる。

実際、許富宏は第一部の著者を鬼谷先生、第二部の著者を弟子の蘇秦だと考えています。

たしかに、この説については『史記』の記述とも時系列が符合しています。『史記』蘇秦列伝によれば、蘇秦はまず初めに斉に行って鬼谷先生の弟子になるのですが、実はその後、遊説活動に失敗して、すっかり貧乏になっていったん帰郷します。そして、そこであらためて『周書陰符』という書を読みふけって独学し、一年にして揣摩《しま》の術を完成させた（「期年にして以て揣摩を出づ」）とあるのです。

これは、司馬遷もまた、『鬼谷子』第二部に相当する揣摩の術について、弟子の蘇秦が鬼谷先生の教えを基礎に独自に生み出した新しい技術だと判断したということを意味します。

筆者自身の意見を言えば、第一部が鬼谷先生、第二部が蘇秦とまで断言できるのかは別にして、少なくとも『鬼谷子』で説かれる教えのベースとしてまず第一部があり、それを踏まえた次の段階として第二部があるのはほぼ確実だと考えます。

ここで、その根拠となる事実をいくつか書いてみます。

まず、前提として、第一部と第二部の明らかな違いに、章タイトルがあります。

つまり、第一部は「捭闔」「反応」「内揵」「抵巇」「飛箝」「忤合」と二字で、第二部は「揣」「摩」「権」「謀」「決」と一字なのです。これは単純な事実ですが、『鬼谷子』という本が成立してくる過程で、この両者が区別されてきた強い根拠となるでしょう。

次に、第一部の飛箝篇と第二部の揣篇、摩篇（この二章は一組のものです）のテーマの重なりと内容の違いがあります。

これについては実際に本文を見ていただきたいのですが、飛箝篇も揣篇、摩篇もどちらも人を言葉で動かす技術が説かれています。しかし、そうでありながら飛箝篇よりも揣篇、摩篇のほうがより内容的に発展しているのです。

具体的に見ていきましょう。

まず、前提として飛箝篇では相手を動かして引き出すものが、言葉（言質）だけに限られているのに対し、摩篇では行動一般にまで拡大しています。

また、どちらも事前に周囲の状況と動かす相手の内心を観察すべきことが説かれるのですが、飛箝篇では周囲の状況のチェック項目が七つなのに対して、揣篇では十二項目とより詳細になっていて、また相手の内心の把握法についても、飛箝篇はただ把握すべきであることだけが説かれるのに対して、揣篇では「相手が甚だしく喜んでいるとき、そこで言葉をかけて何を欲しているのかを見極めるのです（必ず其の甚だ喜ぶの時を以て、往して其の欲するところを極むるなり）」といったように、より具体的な方法論が説かれています。

そして、実際に人を動かす際の技術についても、飛箝篇では、四つほどの方法が説かれるだけなのに対し、摩篇では相手のタイプに応じた十の方法の使い分けが説かれている。

このように、第一部の飛箝篇で説かれた技術がより発展した形で第二部の揣篇、摩篇で論じ直されている気配が濃厚にあるのです。

また、紙幅の関係で詳細に触れられませんが、第二部の権篇、謀篇について見ても、第一部でごく単純に説かれていた内容が、実践に適したメモのような形でより具体的に論じ直されている雰囲気があります。

以上から見ても、まず比較的古い時期の縦横家の教えである第一部があり、その後、それに続く世代の縦横家による第二部が付け加わったということ。この先後関係については、ある程度はっきり言ってもいいのではないかと考えます。

『鬼谷子』の成り立ち――第三部について

次に第三部の符言篇について。

ここで最も確実なのは、『管子』九守篇とほぼ同じ内容だということです。許富宏『『鬼谷子』研究』では、李学勤による先行研究を引き、符言篇と九守篇の文字の異同などから推測を重ねて、『鬼谷子』符言篇のほうが古く、『管子』九守篇はそれにならって作られたものだと結論しています。これについては、関連する資料が少ないために、それをはっきり肯定することも否定することも難しいというのが正直なところです。

ただし、筆者の考えを述べておくと、先にあったのは『管子』九守篇にあるほうのテキストで、それをアレンジしたものが『鬼谷子』符言篇として載せられたのではないかと思います。

というのも、君主に向けた格言集というテーマ自体が、国の統治を主たるテーマとする『管子』にこそふさわしく、遊説家のための教えを説いた『鬼谷子』とは距離がある感じがするからです。

では、なぜ現実として『鬼谷子』に君主向けの格言集たる符言篇が載せられたのか？

九守篇の載せられた『管子』という古典は斉国の稷下《しょっか》という場所で盛んになった学問の成果をまとめたものであるとされています。だとすれば、九守篇の内容もまた、稷下で流行った有名な格言だったのかもしれません（実際、戦国末期までには成立していた、斉国と関わりの深い兵法書『六韜《りくとう》』にも九守篇の言葉が引用されています）。

それを、（このことについては次項で述べますが）同じく稷下から生まれた『鬼谷子』が、言葉にまつわる教えとして調整をし、取り入れたのではないでしょうか。

ちなみに、武内義雄は「鬼谷子を読む」（『武内義雄全集』第六巻諸子篇一所収）という論文の中で、この符言篇を「鬼谷子諸篇の要点あるいはその派の学者の経典とでもいいたいような地位を占めている」と評価し、これこそが先ほど見た蘇秦が独学した『周書陰符』の要約であって、「蘇秦の揣摩すなわち鬼谷子の源泉」としています。つまり、符言篇こそが『鬼谷子』の内容の原点だとしているのです。しかし、著者はあまり納得できません。君主の賞罰の用い方や民の治め方が説かれる符言篇を「鬼谷子諸篇の要点」とは言えないでしょうし、内容的にもここから揣篇、摩篇で説かれる揣摩の術が生まれたとは思えないからです。

『鬼谷子』の成り立ち――第四部について

『鬼谷子』の成り立ちについては、第三部符言篇までを比較的古いひとまとまりと考えて、第四部の本経陰符七術、持枢、中経については、後から付け足された別物と考えるのがスタンダードになってきました。

実際、高田哲太郎「『鬼谷子』の文献学的考察」（『中国の思想世界』イズミヤ出版所収）が王応麟『漢芸文志考証』などの記事を引いて指摘するところによれば、宋代には現在見る形の『鬼谷子』の他にもう一種類、第三部までに現行本ではタイトルのみが伝わる転丸篇、胠乱《きょらん》（胠《きょ》篋《きょう》とも）篇がついた別バージョンがあったようです。

このことからも、『鬼谷子』においてはまず第三部までが一つの本として成立し、その後に第四部が補足されたこと自体はほぼ間違いありません。

実際、第四部については先秦期のものではなく、後世の創作だという説が根強くあります。その根拠の一つに、誰もが一読して気が付く、本経陰符七術の各節に付せられた見出しのような一文の違和感があります。たしかに「盛神は五龍に法る」「養志は霊亀に法る」「実意は螣《とう》蛇《だ》に法る」などという様々な霊獣になぞらえた言い回しについては、蕭登福が『鬼谷子研究』で指摘したように、もっと後の時代の道教的なテイストが感じられるのです。

しかし、ここで考えたいのは、こうした表現が本文とほとんど対応していないという事実です。単純な話として、本文の中には龍も亀も蛇も一切出てこない。つまり、これらの道教的な一文はどうも内容のイメージに合わせて後から付け足された雰囲気があるのです。

従って、筆者としては、各節の冒頭が仮に後世の創作だとしても、本文がそうだとは限らないと考えます。

実際、本経陰符七術の本文については、後世に創作されたにしては『鬼谷子』の別の箇所と強い関連を持っているのです。

いくつかその根拠を挙げれば、まず『鬼谷子』全体の基礎理論である第一部冒頭の捭闔篇には「神」「志意」「反聴」といった本経陰符七術で解説される用語が登場すること。また、第二部の権篇における「病」「恐」「憂」「怒」「喜」という心理的動揺の五種類についての解説、あるいは第三部の符言篇の主因にある、心が感覚器官の上に立つといった記述もまた、本経陰符七術の心の図式と強く関連しているということ。

つまり、本経陰符七術については後で足されたものだとしても、内容的にはむしろ『鬼谷子』の他の箇所のベースとなる心理学的理論が語られている節があり、後世にでっちあげられたものとは思えないのです。

そう考えると、『鬼谷子』の第三部までとは別に保存されていた、先秦期の稷下で生まれた、れっきとした縦横家系の記事だとするのが自然なのではないでしょうか。この推測は本経陰符七術の内容と、同じく先秦期の稷下で生まれたことが定説となっている『管子』のメンタルコントロールを説いた四篇（心術上下篇・白心篇・内業篇）が、多く重なる内容を持っていることからも補強されます。

一方で、本経陰符七術とともに第四部を成す持枢、中経ですが、これについては、中経に「本経の記事は、道数を紀《しる》し、其の変の要は持枢、中経に在り（「本経陰符七術」は「道」の原理・原則であり、実際の行動の中での変化の要点は「持枢」「中経」の教えの中にあります）」とあることなどから考えて本経陰符七術より後に足されたことは、ほぼ間違いありません。しかし、その内容が本経陰符七術と同時代のものなのか、それを踏まえての後世の創作なのかは判断する材料がないというのが正直なところです。

『鬼谷子』成立の流れ

以上から考えると、現行『鬼谷子』という本の成り立ちについては、鬼谷先生かそれに相当する先行世代の縦横家が説いた第一部がまずあり、そこに蘇秦かそれに相当する次世代の縦横家による第二部、『管子』九守篇の内容を取り入れた第三部が加わって（第二部と第三部の先後関係は分かりません）、とりあえず一書を成したと思われます。

そして、そこにある時点で別系統で伝わっていた縦横家の心理学である本経陰符七術など第四部が加わって、今見る形の『鬼谷子』になった。また、それと前後して第三部までに転丸篇、胠乱（胠篋）篇を付けた別バージョンもあったが、それは宋代以降のいずれかの時期に亡んでしまった。

これが今ある材料から筆者なりに推測した『鬼谷子』の成り立ちです。

だとすれば、熊憲光『縦横家研究』も言うように、『鬼谷子』で説かれる教えについては、たしかに戦国縦横家の実践経験から生まれた理論と技術の集大成だと考えていいのではないでしょうか。少なくとも、一書全体についてあえて後世にでっちあげられた偽書だとする理由はないように思われます。

鬼谷先生と縦横家

鬼谷先生とは誰なのか？

『鬼谷子』の著者とされる鬼谷先生（鬼谷子）は、道教的文脈では「古の真仙」（『録異記』）として扱われ、現在に至るまで多くの伝説・故事が伝えられています。

いくつか例を挙げれば、占いの一種である算命学の祖、孫臏《そんぴん》・龐涓《ほうけん》に仙術を授けた（『鬼谷子天髄霊文』など）、始皇帝に死人を生き返らせる草「養神芝」について教えた（『仙伝拾遺』）、あるいは靴屋の始祖、眼鏡の発明者（以上、民間伝承。房立中『鬼谷子全書』所収）など実に様々な話があるのです。もちろん、これらは伝説・故事と書いたように明らかに後世の創作です。

では、資料に基づき歴史的な実像を求めようとすればどうなるか？　本当のところ鬼谷先生はどんな人物であったのか？

それを考えるには、『鬼谷子』という著作が、後々そこに分類されることになる「縦横家《しょうおうか》」という学派について見ていく必要があります。鬼谷先生のプロフィールを考えることは、縦横家のプロフィールを考えることと表裏一体の関係にあるからです。

とは言っても、「縦横家」と言われてすぐにピンと来る人は少ないでしょう。

孔子、孟子に始まりその思想が歴代王朝における正統の学問となっていった儒家や、老子、荘子に始まり後に道教を生む道家などに比べて、縦横家という学派はほとんど知られていません。

まえがきでも触れたように、縦横家とは、中国戦国時代にお互いに敵対し、あるいは同盟する各国の間を飛び回り、その弁舌を武器に権力者に自分を売り込み、名を挙げんとした遊説家たちの学派を指します。

では、そんな縦横家という学派がどのように生まれたのか？　儒家は孔子から生まれ、道家は『老子』から生まれたが、縦横家ははたしてどうなのか？

『漢書』芸文志による縦横家のルーツ

まず見たいのが、先ほどもちらっと登場した『漢書』芸文志。これは、後漢時代の班固が編纂した歴史書『漢書』に収められた当時宮廷にあった書籍の図書目録なのですが、ここに縦横家のルーツについての説明があるのです。

この『漢書』芸文志では書籍を分類するにあたり、当時の学問が、1儒家、2道家、3陰陽家、4法家、5名家、6墨家、7縦横家、8雑家、9農家、10小説家、という十種類の学派に整理されているのですが（これは彼以前の劉向《りゅうきょう》・劉歆《りゅうきん》という学者父子による、今は失われて読めない『七略』の基本構想を受け継いだものだとされます）、ご覧の通り、この七番目に「縦横家」という名前が見られます（ただし、すでに述べたように縦横家に分類された書籍の中に『鬼谷子』はありません）。これがおそらく「縦横家」という言葉についての最も古い例でしょう。

『漢書』芸文志は縦横家について次のように説明します。

縦横家の流れは、古の王朝の使者の官職から出たものであろう。孔子は言った。「『詩経』の三百篇を暗誦できたとしても、四方の国に使者に立って、自分ひとりの力で応対することができないのであれば、多くを暗誦できても何の役に立つだろうか」と。また、（見事な応対を見せた蘧伯玉《きょはくぎょく》からの使者をほめて）こうも言った。「立派な使者だ。立派な使者だ」。優れた使者は、相手の事情をはかって適切な応対ができ、主君から命は受けるが、細かい文言までは指示されないことを言っているのである。これがこの学派の教えの優れた点である。

ただし、邪な人間がこの学派の教えを実行すれば、相手を欺くことを貴び、誠実さといったものは捨ててかえりみないようになるだろう。

ここでは、縦横家について「古の王朝の使者の官職から出たものであろう（蓋し行人の官に出ず）」としていますが、研究者の間でもこの説をそのまま信用している人はほとんどいません。『漢書』芸文志では、縦横家に限らず、十の学派すべてのルーツを古の王朝の官職になぞらえて説明しているのですが、これ自体がそれ以前の文書に見られない話ですし、各学派の人物のプロフィールを検討してもあまりしっくりこないのです。おそらく古の王朝を尊ぶ、当時正統とされた儒家の価値観から創作された記述だと考えて間違いないでしょう。

『鬼谷子』を生んだ縦横家とは何か？

では、縦横家という学派のルーツについてはどう考えたらいいのか？

結論から書けば、縦横家とその思想は、先ほど『漢書』芸文志に挙げられたような各学派が交流するうちに自然と発達してきたものだと考えるのが、最も無理がありません。

というのも、当時の立身出世を目指す知識人にとって、各国の権力者への遊説はごく普通の手段であり、そこで必要となる弁舌あるいは謀略の理論と技術は、学派を問わず身に付けておくべき知識となっていたからです。

例えば、儒家の代表格である孟子でさえ、行っていたのは仕官を求めての各国への遊説活動だったことがよく知られていますし、『荀子』でも「談説の術」（非相篇）が論じられます。また浅野裕一『墨子』(講談社学術文庫)の解説によれば、墨家のグループには各国への遊説を任務とする布教班があったと言われ、法家の代表的な書『韓非子』にも難言篇、説難篇という権力者への説得法を説いた篇があります。また『孫子』とならぶ兵法書『呉子』の著者とされる呉起による弁舌も縦横家の説得事例を集めた『戦国策』に収められているのです。

では、これらの各学派の交流は、具体的にはどこで行われたのか?

ここで鬼谷先生のプロフィールが重要な意味を持ってきます。

縦横家と稷下の学士

とは言っても、実は鬼谷先生という人物については、ほとんど何も分かっていません。歴史上の記録に現れるのはかろうじて『史記』における次の二つの記事のみ。他は、この記事を起点に後世作られた伝説・故事の類があるだけです。

蘇秦は周の東都洛陽の人である。東へ行って斉で師につこうとし、鬼谷先生に術を習った(蘇秦は東周雒陽の人なり。東して斉に師に事《つか》えんとし、之を鬼谷先生に習う)——蘇秦列伝第九張儀は魏の人である。はじめのうちに蘇秦とともに鬼谷先生について、術を学んだ。蘇秦は張儀には及ばないと思っていた（張儀は魏の人なり。始め嘗て蘇秦と倶に鬼谷先生に事え、術を学ぶ。蘇秦自ら以《おもえ》らく、張儀に及ばず）――張儀列伝第十

鬼谷先生は、蘇秦と張儀という二人の人物の師でした。

彼らは、その弁舌によって各国の王や権力者を説き伏せ、当時の天下の趨勢を思いのままに操った人物として中国の歴史上でもかなり有名な人物です。

それはともかく、蘇秦列伝の記述によれば、蘇秦は遊説を学ぼうと斉の国に向かい、そこで鬼谷先生に出会って師事したとあります。ここで考えたいのが、蘇秦がなぜわざわざ斉の国に向かったのかです。

斉への留学と言えば、中国古代史に多少知識のある人ならピンと来るかもしれません。洛陽にいた蘇秦がわざわざ訪ねるほど学問が盛んだった場所。どうしても、首都・臨淄《りんし》に集った「稷下《しょっか》の学士」が思い起こされるわけです。

稷下の学士とは、斉王の保護の下、首都・臨淄の城門の一つである稷門《しょくもん》の周辺、つまり稷下に集って盛んに議論を戦わせ研究を深めた学術集団のこと。蘇秦当時のその様子については、『史記』に次のようにあります。

（斉の）宣王は文学遊説の士を好んだ。鄒衍《すうえん》、淳于髡《じゅんうこん》、田駢《でんべん》、接予、慎到《しんとう》、環淵のような人々をはじめとして七十六人、皆、並びあった屋敷を賜って上大夫の位となり、政治に関わらずお互いに議論することを仕事とした。このようにして、斉の稷下の学士は再び盛んになり、数百数千人にもならんとした――田敬仲完世家

この記述によれば、斉の稷下には「文学遊説の士」が「数百数千」と集っていました。先ほど述べたように、縦横家という学派が各学派の遊説家の交流から発達してきたものだとすれば、この地こそいわゆる縦横家誕生の地であり、遊説・謀略研究の本場だったと考えていいのではないでしょうか。そして、だからこそ、その評判は遊説で身を立てようと志す洛陽の蘇秦にまで届いていた。そう考えると納得できる面があるわけです。

実際、現存する唯一の縦横家の書たる『鬼谷子』の内容が、稷下の学問の成果をまとめたとされる『管子』と重なる内容を持っていることはすでに見てきました。

つまり、『鬼谷子』内の君主向け格言集である符言篇は、『管子』中の君主向け格言集・九守篇とほぼ同じ内容ですし、『鬼谷子』本経陰符七術と『管子』心術上・下篇、白心篇、内業篇（いわゆる『管子』四篇）は、ともに「神」や「一」といった共通のキーワードでメンタルコントロールを説くのです。

鬼谷先生の「先生」という言葉について

ここに至って鬼谷先生という人物の輪郭もなんとなく見えてきます。つまり、蘇秦と張儀の師事した鬼谷先生は、斉の地で稷下の学士の一員として遊説の学問（縦横家の学問）を教えていた人物だったのではないでしょうか。

これに関連して、許富宏『鬼谷子研究』は注目すべき指摘を行っています。それが、「鬼谷先生」という呼び名自体についてです。

というのも、稷下のサロンにおける学則を示したと言われる『管子』弟子職《ていししょく》篇によれば、稷下では、教師を「先生」、それに学ぶ者を「弟子《ていし》」という呼称で呼んでいたようなのです。つまり、この司馬遷の記す「先生」という呼び名自体が、鬼谷先生が稷下において学問を教えていた「稷下先生」であった事実を示している、と許富宏は言うわけです。

もちろん、当時において、ある人物が「先生」と呼ばれるようになる経緯については、様々であると考えるのが自然です。「先生」と呼ばれているから「稷下先生」であるとは必ずしも言えないとは思います。しかし、『史記』の記述、『鬼谷子』の内容からうかがえる稷下との深い関係を考えると、少なくとも鬼谷先生については、稷下にいたことと関連して「先生」と呼ばれていたと考えて不可はないように思えます。

司馬遷は信用できるのか？

ここまで見てきた縦横家のルーツを斉の稷下の学士に求め、鬼谷先生をそこで学問を教授した人物とする仮説は、司馬遷の蘇秦列伝の記述を起点に推測を重ねたものです。

だとすれば、ここで考えなければいけないのが、司馬遷の記述の信ぴょう性でしょう。

これについては議論が分かれており、従来通り『史記』の記述を重要視する立場から、蘇秦の存在自体を全く架空とする説まであるのが現状です。

しかし、筆者は、司馬遷が何を書いたかは、やはり重要だと考えます。司馬遷が現在の我々よりも、縦横家についてははるかに多くのことを知っていたのは確実だからです。

というのも、実は縦横家の学問は戦国期が終わって亡びたわけではなく、その後司馬遷の生きた漢の時代に至るまで盛んでした。

例えば、秦帝国崩壊後の楚漢戦争において、漢を建国した劉邦のもとで戦った名将・韓信に「天下三分の計」をそそのかした斉の人・蒯通《かいとう》は縦横の学を学び、その著書『蒯子』が『漢書』芸文志の縦横家部に見えます。

また、前漢前期の馬王堆《まおうたい》三号漢墓からは、戦国時代の縦横家の説得事例を記した『戦国縦横家書』というテキストが発掘されています。

他にも、前漢第七代皇帝の武帝の時代（司馬遷と同時代）を生き、斉で宰相になった主父偃《しゅほえん》

（稷下の学士が集った臨淄出身です）もまた「縦横家の術を学んだ（長短従横の術を学ぶ）」と『漢書』にあるのです。

さらには、司馬遷より後の時代になっても、前漢第十二代成帝から命を受けて、劉向が宮中に保存されていた戦国縦横家の弁舌と謀略の記録（おそらく司馬遷も見たものでしょう）をまとめ、『戦国策』という作品を編纂しています。

つまり、繰り返せば、司馬遷当時において縦横家の学問は未だ生きた学問だったのです。当然、彼は今の我々よりもはるかに身近に縦横家の学問に触れていたであろうし、我々のもとに残されたものよりもはるかに多くの記録を目にすることができていた。加えて、『史記』太史公自序によれば、司馬遷自身も若い頃に臨淄に留学した経験もあります。直に稷下の学問の遺風を体験していたものとも思われるのです。

そんな司馬遷が蘇秦の伝を書くにあたり、1遊説の学（のちの縦横家）、2斉という場所（稷下）、3鬼谷先生（および「先生」という呼称）という三つの要素とその結びつきを史実と判断したこと。これは鬼谷先生と縦横家について考える材料として、やはり無視できない重みがあると言えるのではないでしょうか？

『鬼谷子』の注と版本

最後に『鬼谷子』の版本（印刷されて流通した本）について見てみましょう。

『鬼谷子』の版本については、明に南京国子監刊「子彙」本、「十八子全書」本、綿眇閣《めんびょうかく》刊「先秦諸子合編」本など、清に乾隆五十四年秦氏石研齋刊本、清嘉慶十年秦氏石研齋刊本などがあり、民国になってもいくつか出されることになりますが、実はテキストの系統としては、大きく分けて、

一、道蔵本系……「正統《しょうとう》道蔵」（明代に作られた道教系の経典を集めた叢書）に収められた『鬼谷子』に由来するもの

二、嘉慶十年本系……清代に石研齋こと秦恩復が、銭遵王《せんじゅんおう》という人物による宋代の古い『鬼谷子』の抄録で道蔵本を補ったもの

の二つしかありません。嘉慶十年本には当然、道蔵本には収められていない文章が多く載せられており（顕著な違いとして道蔵本には内揵篇の中ほどに大きな欠けがあります）、現在の『鬼谷子』研究は嘉慶十年本に従うのが普通になっています。本書が底本としている『鬼谷子集

校集注』もまた嘉慶十年本を基本としています。

ちなみに、日本で出版された数少ない一般向けの『鬼谷子』関連本で、今でも参照される『和譯七書・和譯鬼谷子』（田岡佐代治著・玄黄社）、『鬼谷子―国際謀略の原典を読む』（大橋武夫著・徳間書店）はいずれも道蔵本系のテキストを底本にしており、嘉慶十年本にのみ見られる文章は載っていません。

『鬼谷子』の注

次に『鬼谷子』につけられた注について。歴史的には次の四つの注があったとされます（点線以下はその注本の存在が確認できる主な図書目録）。

一、**皇甫謐《こうほひつ》による注**……『隋書』経籍志、日本国見在書目録
二、**楽壹《らくいつ》による注**……『隋書』経籍志、旧『唐書』経籍志、新『唐書』芸文志
三、**尹知章《いんちしょう》による注**……旧『唐書』経籍志、新『唐書』芸文志
四、**陶弘景による注**……『通志』芸文略

しかし、現在伝わる本に付せられているのは南北朝期の梁の道士・陶弘景の注とされるもの

のみで、他は別の書に引用されたわずかな断片が残っているにすぎません。

しかも、実はこの陶弘景注についても、清の秦恩復と孫淵如が道蔵本を底本にした版本（乾隆五十四年本）を出した際、そこに付せられた無記名の注を陶弘景のものとして以来そう呼ぶようになっただけなのです。実際、これを唐の尹知章注とする説（周広業など）もあり、日本で発刊された皆川淇園校刻本も尹知章注としています。

つまり、結論から言えば、『鬼谷子』の注については、誰のものかは分からないものが一種類のみあるというのが実際のところ。ただ、本書では通例に従って、現存している注については陶弘景注、あるいは陶注と呼ぶことにします。

●凡例

・本書の邦訳についてはできるだけ一読して内容を理解できるよう、文のつながりや内容を最大限補いつつ訳した。直訳・逐語訳については訓読文を参照されたい。訓読文には現代仮名遣いを用いた。また、内容を味わう上での補助線として「補説」を設けた。

・底本には現在最も入手しやすくスタンダードなテキストだと思われる『新編諸子集成続編　鬼谷子集校集注』(許富宏撰・中華書局・第二版)を用いた。ただし、明正統道蔵本、清嘉慶十年秦氏石研齋刊本を中心として、『子蔵　雑家部　鬼谷子巻』(華東師範大学「子蔵」編纂中心編、方勇主編、国家図書館出版社)所収の諸本と対校のもと改めた箇所があり、※印で異同を示した。節の区切り方も基本的には底本に従ったが内容を鑑みて改めたところもある。

・各篇の配列も底本及び諸本と同じとしたが、本書では、許富宏『鬼谷子研究』の見解に従って四部に分けて掲載する構成とした。失われた転丸篇・胠乱篇については、当然四部のどれに属するのか分からないが、諸本と同じ配列を採用した関係で第三部の後ろに置いた。

第一部

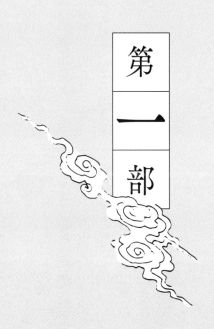

捭闔《はいこう》第一

捭闔篇では、『鬼谷子』全体のベースとなる捭闔と陰陽の理論について説かれる。捭闔とは口の開閉のこと。より直接的には、話すことと黙ることを指す。一方、陰陽は、古代中国における万物を分類して把握するための基本的な考え方である。

『鬼谷子』による人を動かすための理論と技術の根底には、この「話すか黙るか」（捭闔）と「その物事の性質が陰か陽か」（陰陽）という、軸となる二つの物差しがある。

——世界は「言葉」によって創られる

さて古を振り返ってみると、聖人が天地に挟まれたこの世界に存在したのは、大衆を導くためでした。

聖人は、現実の背後にある陰陽が開いたり閉じたりするあり様を観察し、その運動から生まれる物事一つ一つに名前をつけることで、存在と滅亡が出入りする門の働き（口から生まれる言葉の働き）について知りました。

そうしてから、あらゆる「類」の物事を終わらせ、あるいは始めるための謀略を立て、人の心の仕組みを知り抜き、物事の変化の兆しを見、その門の働き（言葉）を一貫して正しく制御したのです。

すなわち、聖人がこの天下で大衆を導くための「道」は、昔から今に至るまでただ一つ、言葉を制御することだったのです。

粤若《ここ》に古[1]を稽うるに聖人[2]の天地の間に在るや、衆生の先を為す。陰陽の開闔《かいこう》[3]を観て名を以て物に命《なづ》け、存亡の門戸を知る。[4]万類の終始を籌策《ちゅうさく》し、[5]人心の理に達し、変化の朕《きざ》しを見、其の門戸を守司す。故に聖人の天下に在るや、古より今に及ぶまで、其の道[6]、一なり。

1
粤若《ここ》に……原文「**粤若**」。

『書経』中の「曰若《ここ》に古の帝堯を稽うるに（曰若稽古帝尭）」（堯典）の「曰若」と同様、話を始める際の表現。

2
聖人……原文同じ。

『鬼谷子』の教えを完全に身に付けた人物。「聖人」は儒家、道家などの各学派に共通で見られる用語で、その学派の教えを体現する人物を指す。ここでの「聖人」も『鬼谷子』の理論と術を体現した理想的人物のこと。

3
陰陽の開闔《かいこう》……原文「**陰陽之開闔**」。

『鬼谷子』では、万物について陰陽と開閉の組み合わせで生み出され、動いていくと考え、また、人を言葉で動かし、物事を成そうとする人間もまた、それにのっとって陰陽による物事の認識と「開」と「閉」すなわち話すと黙るを使い分ける術を持たなければならないとする。これに近い内容は、『易』繫辞上伝に「一陰一陽、之を道と謂う（陰になったかと思えば陽になる、これが万物を司る「道」である）」、「一闔一闢《いっこういっぺき》、之を変と謂う（閉じたかと思えば開く、これを現実の変化という）」という形で見られる。

4
存亡の門戸を知る……原文「**知存亡之門戸**」。

「存亡之門戸」は、人間が言葉を生み出し物事を動かす口と万物を司る神秘的な門を重ね合わせた表現。口（言葉）の使い方を熟知しているということ。

5

万類の終始を籌策《ちゅうさく》し……原文「**籌策萬類之終始**」。

「籌策」は計算機で計算すること。転じて計略、謀略の意味。また「類」は『鬼谷子』において一種のタームで、物事の性質に従った分類のこと。「摩」篇には「物は類に帰す（万物は結局は類ということにいきつく）」とある。『鬼谷子』の全思想のベースには、陰陽と捭闔（開閉）による、物事の分類・把握があり、その上で、さらにトピックごとの詳細な分類・把握が行われる。例えば「権」篇では、説得相手を「智者」「博者」「弁者」「貴者」「富者」「貧者」「賤者」「勇者」「愚者」という「類」に従って把握し、それぞれへの最も有効な説得法が説かれる。

6

道……原文同じ。

「道」の語は、代表的には『老子』中に見られるように、宇宙万物を生成主宰する原理を指し、『鬼谷子』の他の箇所においてその意味で用いられている箇所もあるが、ここでは単に重要な原理・原則といった程度の意味。

【補説】

この節で語られているのは、聖人がまだ混沌としていた世界の中で、物事一つ一つに名前を付け言葉で整理したことで、今見る人間社会が成立したという『鬼谷子』による一種の創造神話です。すなわち、『鬼谷子』にとって、言葉は人間社会を成り立たせている根本なのです。だからこそ人を動かし天下を動かすには、その根本である言葉の働きを熟知し、操ることができなければならない。『鬼谷子』の出発点には、こんな世界観があるのです。

粤若稽古、聖人之在天地間也、爲衆生之先。觀陰陽之開闔以名命物、知存亡之門戸。籌策萬類之終始、達人心之理、見變化之朕焉、而守司其門戸。故聖人之在天下也、自古及今、其道一也。

万物にはそれぞれ「類」がある

物事の変化に限りはありません。そんな中でも、それぞれが決まって落ち着くところが確かにある。つまり、陰か陽か、柔か剛か、開くか閉じるか、弛むか張るか、どんなものもその時々において何らかの「類」の性質に落ち着くものなのです。

そうした「類」に従って、聖人は存在と滅亡の出入りする門の働き（口から生まれる言葉）を一貫して支配し、また、天下において何が先んじて何が後れているのかを詳らかに察し、それぞれの間の力のバランスと個人の才能をはかり、それぞれの持つ技術の劣ったところと優れたところを比較するのです。

変化は無窮なるも、各おの帰する所有り。[1] 或いは陰、或いは陽、或いは柔、或いは剛、或いは開き、或いは閉じ、或いは弛み、或いは張る。是《こ》の故に、聖人は一《ひとえ》に其の門戸を守司し、其の先後する所を審察し、権を度《はか》り能を量り、其の伎巧の短長を校ぶ。[2]

1 **各おの帰する所有り……原文「各有所歸」**。「帰する所」が何を指すかについては、「摩」篇に「物は類に帰す（万物は結局は性質の種類ということにいきつく）」とあるのを参考に解釈した。

2 **其の伎巧の短長を校ぶ……原文「校其伎巧短長」**。

関連して、権篇には「智者は其の短ずる所を用いずして、愚人の長ずる所を用う（智者は自分の短所を用いず、愚人の長所を用いる）」とある。「技巧」という語については、『老子』第五十七章に「人に技巧多くして奇物滋《ます》ます起こる（人々が高度な技術を身に付ければ身に付けるほど余計な物事が起こる）」という用例がある。

變化無窮、各有所歸。或陰或陽、或柔或剛、或開或閉、或弛或張。是故聖人一守司其門戸、審察其所先後、度權量能、校其伎巧短長。

――相手の「類」を把握する

そもそも賢人と不肖の者、智者と愚者、勇者と臆病者には性質に違いがあります。

その「類」の違いに合わせるからこそ、正しく口を開くこと・閉じること、正しく進むこと・退くこと、正しく賤しむこと・貴ぶことが可能になり、ことさらなことをしない（「無為」）でも、相手を治めることができる。

相手の中に何が有るか無いか、充実しているか虚ろであるかを詳しく見定める眼を持ち、「何を欲しがっているのか」という欲求から、「何をしようとしているのか」という意志を見極めること。

そして、ひそかに相手の言葉を並べて吟味し、それに従って口を開いて働きかける（「反」）ことで、相手の中の実質を求め、言葉の指し示すものをつかむことが大事なのです。

つまり、まずは口を閉じて相手の言葉を聴き、それから口を開いて言葉で働きかけ、自分の利となる所を求めるのです。

夫れ賢と不肖、智と愚、勇と怯、差有り。乃ち捭《ひら》くべく、乃ち闔《と》ずべく、乃ち進むべく、乃ち退くべく、乃ち賤しむべく、乃ち貴ぶべく、無為[1]を以て之を牧す。有無と其の実虚とを審定し、其の嗜欲に随いて以て其の志意を見る。[2]微《ひそ》かに其の言う所を排して捭き之に反[3]し、以て其の実を求め、其の指を得るを貴ぶ。闔じて之を捭きて、以て其の利を求む。

1 **無為……原文同じ。**

むやみに行動せず、現実（「道」）の流れの持つ力を利用すること。字義通りの「何もしないこと」ではない。『老子』の言葉として知られ、『老子』河上公注において「無為」とタイトルをつけられた第二十九章では「聖人は甚だしい振る舞いをせず、大きなコストをかけることをせず、大がかりな行いをしない（聖人は甚を去り、奢を去り、泰を去る）」と説かれる。

2 **其の嗜欲に随いて以て其の志意を見る……原文「随其嗜欲以見其志意」。**

欲求と意志の関係については、「本経陰符七術」において「欲多ければ則ち心散じ、心散ずれば則ち志衰え、志衰うれば則ち思達せず（欲求が過剰であれば心気が分散し、心気が分散すれば意志が弱くなり、意志が弱くなると思考が道理に合わなくなる）」などといった形で詳しく説かれる。

3 **反……原文同じ。**

『鬼谷子』では、会話という行為を相手に働きかける「反」と相手からのフィードバックである「覆」の往復運動であると見る。詳しくは「反応」篇参照。

夫賢不肖、智愚、勇怯、有差。乃可捭、乃可闔、乃可進、乃可退、乃可賤、乃可貴、無為以牧之。審定有無與其實虚、隨其嗜欲以見其志意。微排其所言而捭反之、以求其實、貴得其指。闔而捭之、以求其利。

――本心を把握してから口は開く

ある時は口を開いて考えを示し、ある時は口を閉じて考えを隠さなければなりません。

つまり、相手の本心とこちらの謀略がマッチしているときは開いて示し、食い違っている場合は閉じて隠すのです。

話していいのかどうかを知るには、自分の謀略の持つ性質をはっきり把握し、それが相手の本心とマッチしているかを見極めること。相手に就くか離れるかには守るべきことがあり、それは相手の意志に従って判断するということなのです。

そして、口を開くならば完全に周知させることを一番に考え、口を閉じておくならば完全に秘密にすることを一番に考える。この、完全なる周知と秘密を貴ぶ教えは、微妙で奥深く「道」の働きに沿ったものなのです。


或いは開きて之を示し、或いは闔じて之を閉ず。開きて之を示すは、其の情に同《どう》じ、闔じて之を閉ずるは、其の誠に異なるなり。[1] 可と不可と、審らかに其の計謀[2]を明らかにして、以て其の同異を原《たず》ぬ。離合、守有りて先ず其の志に従う。即ち之を捭かんと欲すれば周を貴び、即ち之を闔じんと欲すれば、密を貴ぶ。周密[3]の貴ぶところ、微にして道と相い追う。

1 **闔じて之を閉ずるは、其の誠に異なるなり……原文「闔而閉之者、異其誠也」**。
ここでの「誠」の意味は曖昧なところがあるが、「開而示之者、同其情也（開きて之を示すは、其の情に同《どう》じ）」と対称となる文であり「情」が『鬼谷子』において、内面の実情・本心の意味で使われていることから、「誠」も同義で使われていると解釈した。

2 **計謀……原文同じ**。
『鬼谷子』中では「謀」「策」などとも。君主などの権力者を動かすための謀略のこと。日本語での「謀」という表現にはことさら邪悪なイメージがあるが、『鬼谷子』で説かれる「謀」は善でも悪でもありうるフラットなものである。『鬼谷子』における中心概念の一つ。

3 **周密……原文同じ**。
通常「周到かつ綿密」、あるいは「完全なる秘密」の意味で解釈されるが、ここでは行文上明らかなように「周知と秘密」の意味。『六韜《りくとう》』三疑篇にも「凡《およ》そ謀の道、周密を宝と為す」という記事が見られる。

【補説】

ここでは、個別の会話レベルでの「捭闔」（話すと黙る）の働きが解説され、次節では全体的な謀略の流れの中での「捭闔」の働きが解説されます。

或開而示之、或闔而閉之。開而示之者、同其情也、闔而閉之者、異其誠也。可與不可、審明其計謀、以原其同異。離合有守、先從其志。即欲捭之貴周、即欲闔之貴密。周密之貴、微而與道相追。

「話す」場面と「黙る」場面

会って口を開く場面は、相手の本心をはかるためのもの。

それ以外の口を閉じている場面は、相手の本心と結びつくためのもの。

聖人は、事前に相手の周囲の力のバランス、何が重んじられ、何が軽んじられているのかを見て基準とし、それに従って謀略を考える。このバランスと軽重がこちらのしようとすることとマッチしないのであれば、聖人はそれはそれで自分の身を守る謀略を考えるのです。

会って口を開く場面とは、自分の言葉を出したり、相手の言葉を取り入れたりするためのもの。

それ以外の口を閉じている場面とは、相手に取り入ったり、相手から去ったりするためのものなのです。

之を捭くは、其の情を料るなり。これを闔ずるは、其の誠に結ぶなり。皆其の権衡軽重を見、乃ち之が度数と為し、聖人因りて之が慮を為す。[1] 其の権衡度数に中《あた》らざれば、聖人因りて自ら之が慮を為す。故に捭くは、或いは捭きて之を出し、或いは捭きて之を内《い》る。闔ずるは、或いは闔じて之を取り、或いは闔じて之を去る。[2]

1 **聖人因りて之が慮を為す……原文「聖人因而爲之慮」**。
「因（因る）」とは、何かに従って動くこと。先秦の各学派に広く見られる考え方で、それぞれが「何に従うべきか？」を考え、独自の「因」を説いた。特には『荘子』に説かれる自然の流れに従う「因循」の思想が有名。一方、『鬼谷子』においては、相手の言い分や外部の状況の変化などといったきわめて具体的なものへの「因」が説かれる。

2 **或いは闔じて之を取り、或いは闔じて之を去る……原文「闔者、或闔而取之、或闔而去之」**。
ここでの「取」は、「取り入る」、「（相手と）結びつく」の意味で解釈した。『戦国策』楚策三に「王、因りて昭睢《しょうしょ》を収《とら》えて以て斉を取る（楚王はそのため、昭睢をとらえて斉に取り入ろうとした)」、燕策一に「奉陽君、甚だ蘇秦を取らず(奉陽君は蘇秦と親交を結ぼうとしなかった)」という表現がある。すなわち、自分のなすべきことに合う相手とは結びつき、合わない相手からは去るということ。

【補説】

ここでは、全体的な謀略の流れの中での「捭」の場面と「闔」の場面の働きがそれぞれ解説されます。

ここでの「闔」(閉じて黙っている)とは、相手と実際に会って話す「捭」の場面以外の場面のこと。この黙っている場面で何をすべきかについては内揵篇で詳しく説かれます。

捭之者、料其情也、闔之者、結其誠也。皆見其權衡輕重、乃爲之度數。聖人因而爲之慮。其不中權衡度數、聖人因而自爲之慮。故捭者、或捭而出之、或捭而内之。闔者、或闔而取之、或闔而去之。

──「捭闔」は天地の「道」である

「捭闔」(開閉)は、現実をつかさどる天地の「道」です。つまり、開いたり閉じたりすることで、陰陽を変化させ、四季に開きまた閉じることで万物を変化させるのです。

それと同じように、いかに思うままに人を動かすか、いかに「反」によって言葉を引き出すか、いかに会話の中で「反覆」するか、誰に就き誰に背くのかは、必ず口の開閉のもたらす働きに基づかなければなりません。

捭闔は天地の道なり。捭闔は、以て陰陽を変動し、四時に開閉し、以て万物を化す。縦横、[1]反出、[2]反覆、[3]反忤《はんご》[4]は、必ず此れに由る。

1 **縦横……原文同じ。**
「縦」「横」という語は、『鬼谷子』においては他に二カ所、「箝して縦にすべく、箝して横にすべく」（飛箝篇）、「乃ち以て縦にすべく、乃ち以て横にすべし」（忤合篇）とある。いずれも思うままに相手を動かす様を示す表現となっている。『鬼谷子』における「縦横」を縦横家の語源となった「合縦連横」の意とするのは決め手がない。

2 **反出……原文同じ。**
反応篇に「反して之を求むれば、其の応必ず出づ（「反」によって求めれば、それに応じた言葉が必ず出てくる）」とある。ここではその意味で解釈した。

3 **反覆……原文同じ。**
『鬼谷子』では、会話という行為を相手に働きかける「反」と相手からのフィードバックである「覆」の往復運動であると見る。詳しくは反応篇参照。

4 **反忤《はんご》……原文同じ。**

誰かに就けば、誰かに背くことになるという『鬼谷子』の説く原則。忤合篇に「計謀は両忠ならずして、必ず反忤有り」とある。

捭闔者、天地之道。捭闔者、以變動陰陽、四時開閉、以化萬物。縱横、反出、反覆、反忤、必由此矣。

「捭闔」とは変化である

「捭闔」（開閉）は、「道」の大いなる変化のあり様であり、人を説得する際の変化のあり様です。だからこそ、あらかじめその変化を審らかに理解しなければなりません。吉か凶か、運命はこれ次第なのです。

口は心の門であり、心は「神」（優れた思考や謀略をもたらす何か）をつかさどるものです。心の中の意志、欲望、思考、謀略は、すべて言葉という形で出入りするのです。だからこそ、「捭闔」（口の開閉）によってこれを管理し、言葉のやりとりによってこれを支配しなければなりません。

捭闔は、道の大化にして、説の変なり。必ず予め其の変化を審らかにす。吉凶の大命、焉に繋がるなり。口は心の門戸なり。心は神の主なり。[1]志意、喜欲、思慮、智謀、此れ、皆門戸に由りて出入す。故に之を関するに捭闔を以てし、之を制するに出入を以てす。

1 **心は神の主なり……原文「心者、神之主也」**。
「神」は、人間の心に宿ることで優れた働きをもたらすものを指す。『鬼谷子』は、「神」が心に宿るかどうかは、心の持ち方（「心術」）次第であると説く。その意味で「心は神の主なり」なのである。詳しくは、本経陰符七術を参照。

捭闔者、道之大化、説之變也。必豫審其變化、吉凶大命繫焉。口者、心之門戶也。心者、神之主也。志意、喜欲、思慮、智謀、此※皆由門戶出入。故關之以捭闔、制之以出入。

※底本「此」の字無し。嘉慶十年本に従って補う。

――言葉の持つ陰と陽

これを「捭」するとは、開くことであり、言うことであり、陽である。

これを「闔」するとは、閉じることであり、黙ることであり、陰である。

陰陽にはあるべき調和があり、物事の終わりと始めには、正しい筋道があるのです。

すなわち、長生き、安楽、富貴、高い地位と繁栄、名誉、好むもの、金銭的な利益、意に沿うもの、欲望するものについて言うのは陽。これには会話や物事を始める作用があると言われます。

すなわち、死、憂い、貧しさ、屈辱、ないがしろにしているもの、利益を失うようなもの、意に沿わないもの、害あるもの、刑、罰について言うのは陰。これには会話や物事を終わらせる作用があると言われます。

様々な言葉で陽にのっとるものは、皆、会話や物事を始める作用があるとされます。善い面を言って「事」を始めるのです。

様々な言葉で陰にのっとるものは、皆、会話や物事を終わらせる作用があるとされます。悪い面を言ってその謀略を終わらせるのです。


之を捭くとは、開なり、言なり、陽なり。之を闔ずるとは、閉なり、黙なり、陰なり。陰陽、其の和ありて、終始、其の義あり。故に長生、安楽、富貴、尊栄、顕名、愛好、財利、得意、喜欲を言うは陽爲《た》り。曰く始。故に死亡、憂患、貧賤、苦辱、棄損、亡利、失意、有害、刑戮、誅罰を言うは陰爲り。曰く終。諸言、陽に法るの類は、皆始と曰《い》う。善を言いて以て其の事[1]を始む。諸言、陰に法るの類は、皆終と曰う。悪を言いて以て其の謀を終う。

1 **「事」……原文同じ。**
「事」は『鬼谷子』における重要なタームであり、その人がその状況の中でなすべきこと、或いはなそうとしていること（目標・課題）を指す。先秦の古典において「事」は「謀」とほぼ同じ意味とされることも多いが（例えば、『史記』中で子貢が引く格言「事、未だ発せずして先ず聞こゆるは、危なり」（仲尼弟子列伝）が、『戦国策』では蘇代によって「謀、未だ発せずして外に聞こゆるは、則ち危なり」（燕策一）と引かれる）、しかし、『鬼谷子』においては、謀篇で「変は事を生じ、事は謀を生じ……」と定義され、「事」（なすべきこと）と「謀」（「事」をなすための謀略）がはっきり区別されている。この『鬼谷子』の説く縦横家流の「事」については、『戦国策』斉策三に参考となる興味深い例がある。ここでは、楚王が死に、その太子が斉国の孟嘗君の下に人質としている状況において、主人公の蘇子（蘇秦か？）がなそうとしていること（「蘇子之〝事〟」）と、その実現のための弁舌と謀略の内容が十の段階にわたって解説されている（ただし、現行本は十段階目についての解説を欠いている）。この章は一説に縦横家の講義ノートが収められたものとされ（熊憲光『縦横家研究』の説）、だとすれば、縦横家の教えを学ぶ者にとって「事」は重視されるべき特別な概念だったことになる。

捭之者、開也、言也、陽也、闔之者、閉也、默也、陰也。陰陽其和、終始其義。故言長生、安樂、富貴、尊榮、顯名、愛好、財利、得意、喜欲、爲陽、曰始。故言死亡、憂患、貧賤、苦辱、棄損、亡利、失意、有害、刑戮、誅罰、爲陰、曰終。諸言法陽之類者、皆曰始、言善以始其事。諸言法陰之類者、皆曰終、言惡以終其謀。

――陰陽で語り、陰陽で動く

話すか黙るか、いかに話すか黙るか、話す場面と黙っている場面においてそれぞれ何をするのか（「捭闔の道」）は、陰陽の使い分けによって試みられます。

つまり、陽の相手と話をするときは、崇高な理想を語り、陰の相手と話をするときは、身近な現実を語る。下世話な話によって小人物相手に成果を出し、高尚な話によって大人物相手に成果を出すのです。

このようなやり方で話をすれば、相手の耳に届かない言葉はなく、こちらの耳に入らない言葉はなく、不可能なことは何もなくなります。人を説き、家を説き、国を説き、天下を説くことができるようになるのです。

卑小な話はこれ以上ないほど卑小に、壮大な話はこれ以上ないほど壮大にすること。話のどこを強調しどこを目立たなくするのか、相手に就くか去るか、相手に背くかどうか、これらは皆、陰陽の使い分けによって制御されなければなりません。

捭闔の道、陰陽を以て之を試む。故に陽と与《とも》に言う者は、崇高に依る。陰と与に言う者は、卑小に依る。下を以て小を求め、高を以て大を求む。此れに由りて之に言わば、出でざる所無く、入らざる所無く、可ならざる所無し。以て人を説くべく、以て家を説くべく、以て国を説くべく、以て天下を説くべし。小を為して内無く、大を為して外無し。益損[1]、去就、倍反、皆、陰陽を以て其の事を御す。

1 **益損……原文同じ。**
増したり減らしたりすること。『鬼谷子』においては、話の内容のどこを強調し、どこを目立たなくするかということについて言われる。詳しくは揣篇、権篇を参照。

【補説】

この説では相手の陰陽（ここでは、一例として小人物が大人物か）に合わせて言葉の陰陽

（ここでは、一例として下世話な話か高尚な話か）を使い分ける必要が説かれます。この相手の「類」によってとる対処、説く内容を変えるという考え方は、摩篇、権篇でさらに詳細に解説されます。

捭闔之道、以陰陽試之。故與陽言者、依崇高。與陰言者、依卑小。以下求小、以高求大。由此言之、無所不出、無所不入、無所不可。可以說人、可以說家、可以說國、可以說天下。爲小無內、爲大無外。益損、去就、倍反、皆以陰陽御其事。

――陰陽を反転させるための心得

陽とは動いて行うこと、陰とは止まって行わないでおくこと。陽とは動いて出ること、陰とは隠れて入ること。

陽もめぐってついには陰となり、陰も極まると陽に反転するのです。陽に従って動く者には、そこに自由自在な変化の徳がともに生じ、陰に従って静止する者には、確固たる形がともに現れます。

陽（動く姿勢）から陰（止まる姿勢）に移るならば、止まっている状態を変化の「徳」が包み込んでいなければなりません。陰（止まる姿勢）から陽（動く姿勢）に移るならば、変化の状態にあっても確固たる形に止まる力を使えなければなりません。

そして、このように陰陽がお互いに入れ替わるときにも、「捭闔」（いかに口を開き閉じるか）の原則に従わなければならない。

これは天地がそれによって動くところの陰陽の「道」であり、人を説得する際の法則なのです。万事を先導するもの、これこそ「円方の門」と言うのです。

陽は動きて行い、陰は止まりて蔵《おさ》め、陽は動きて出で、陰は隠れて入る。陽は還りて陰に終わり、陰は極まりて陽に反る。陽を以て動く者は徳[1]相い生ずるなり。陰を以て静かなる者は形相い成るなり。陽を以て陰を求むるは、苞むに徳を以てするなり。陰を以て陽に結ぶは、施すに力を以てするなり。陰陽相い求むるは捭闔に由るなり。此れ、天地陰陽の道にして人に説くの法なり。万事の先たり、是れ、円方の門戸[2]と謂う。

1　**徳……原文同じ。**

人が身に付けるべき行動原理のこと。『鬼谷子』においては、後文の「形」と対義的に語られていることから分かるように、「無形」、つまり状況に従って変化するあり様を指す。この変化の徳については、符言篇「主徳」の箇所、本経陰符七術「転円」は猛獣のように」などで詳しく説かれる。

2

円方の門戸……原文「圓方之門戶」。

言葉を生み出す口の比喩表現。「円」は切れ目のないさま、形を持たない無限のイメージであり、「方」は直線であり、確固たる有限のイメージである。『鬼谷子』では、円と方、陽と陰、動と静、進行と停止、変化と限定などについて、どちらか一方ではなく双方を兼ね備え、状況に応じて使い分けることを説く。そして、言葉の出入りする「口」こそ、それらを生み出す「門戸」である、というのがここでの意味である。

陽動而行、陰止而藏、陽動而出、陰隱而入、陽還終陰、陰極反陽。以陽動者、德相生也。以陰靜者、形相成也。以陽求陰、苞以德也、以陰結陽、施以力也。陰陽相求、由捭闔也。此天地陰陽之道、而說人之法也。爲萬事之先、是謂圓方之門戶。

反応第二

権力者を弁舌だけで動かす縦横家にとって、前もって相手の「事」（なそうとしていること）を把握することは、謀略の成否だけでなく生き死にを分ける生命線だった。

反応篇では、会話の中にある「反覆」というメカニズム、「事」は必ず言葉に表現されるという「象比」理論をベースとして、いかに相手の「事」を把握するかが説かれている。なお、『太平御覧』では本章の文が引用されているが、その際に章題を「反覆」篇としている。内容としては反覆篇としたほうがふさわしいのかもしれない。

聖人は「反」によって「覆」を得る

古の聖人の持っていた偉大な感化力は、状況に従って形無く変化するあり方によって生まれたものでした。

その変化に必要なのが、「反」してその行くさまを見、「覆」して返って来たものを吟味するという方法論です。古の出来事を参照すること（「反」）で、そのフィードバックから今を知り（「覆」）、相手に言葉をかけその様子を知ること（「反」）で、そのフィードバックから己を知る（「覆」）。

例えば、周囲の動静や心の虚実の原則が今の実際の状況に当てはまらず、理解できないのであれば、すかさず古の事例を参照（「反」）して答えを求める、そんな姿勢が必要なのです。己の「事」を実現するにおいては、「反」によって「覆」を得るというのが、聖人の考え方。このことを知っておかなければなりません。

古の大化[1]は、乃ち無形と倶に生ず。反[2]して以て往を観、覆[3]して以て来を験す。反して以て古を知り、覆して以て今を知り、反して以て彼を知り、覆して以て己を知る。動静虚実の理、今に合わずば、古に反して之を求む。事、反有りて覆を得るは、聖人の意なり。察せざるべからず。

1
古の大化……原文「古之大化」。
陶注に「大化とは古の聖人、大道を以て物を化すを謂うなり」とあるのに従い、古の聖人の持っていた偉大な感化力の意と解釈した。『孟子』尽心章句下に「大にして之を化す、之を聖と謂い、聖にして之を知るべからず、之を神と謂う（偉大なスケールで周囲を感化する、これを「聖」といい、「聖」であってその働きをうかがいしれないのを「神」という）」とあるのも参考になる。

2
反……原文同じ。
『鬼谷子』独特の用語。対象に働きかけ、情報や言葉などを引き出すこと。

3
覆……原文同じ。
「反」によって生じたフィードバックを受け取ること。「反」「覆」の二字合しての「反覆」で「対象への働きかけとフィードバック」という意。69ページの箇所で「己、反往すれば、彼、覆来す（こちらから「反」が行けば、むこうから「覆」が来る）」とより端的に表現される。対象への働きかけが「反」の字で表現されるのは、続く箇所で明らかなように、「反覆」はまず相手の言葉（「辞」）を聞き、それに言葉を「反《かえ》」すところから始まるからかもしれない。

古之大化者、乃與無形俱生。反以觀往、覆以驗來。反以知古、覆以知今、反以知彼、覆以知己。動靜虛實之理、不合於今、反古而求之。事有反而得覆者、聖人之意也、不可不察。

相手の「事」は必ず言葉に現れる

相手が言うのは動。それに対して、自分が黙るのは静。ただ相手の言うところに従って、言葉を聞くのです。相手の言うことが、相手の「事」（なそうとしていること）に合っていないと思われるのであれば、さらに言葉をかけ（「反」）、「事」を表す言葉を求めれば、それに対する応答は必ずあるものです。

言葉には「象」の作用があり、「事」には「比」の作用があります。「象比」があれば、その言葉の生まれる場所（心）を見ることができる。つまり、言葉はその人間の心の中の「事」をかたどり（「象」）、心の中の「事」はその人間の言葉に映し出されるのです（「比」）。

だからこそ、相手に合わせて形無く変化し、相手の「事」を表す形ある声を求めなければなりません。

言葉を釣り上げ、それが相手の「事」に合うものならば、相手の実質をとらえたことになります。これはちょうど網を張って獣を捕らえるようなもの。多くの網を相手と接触するところに張って様子をうかがい、その扱い方の「道」さえ相手の「事」に合っていれば、相手は自分からそれを口に出すでしょう。これこそ、人を釣り上げる網というものです。

人、言うは動なり。己、黙するは静なり。其の言うところに因りて、其の辞を聴く。言、合わざる者有らば、反して之を求むれば、其の応必ず出づ。言に象有り、事に比有り、其れ象比有らば、以て其の次[1]を観る。象は其の事を象《かたど》り、比は其の辞を比す。無形を以て有声を求むるなり。其れ語を釣りて事に合わば、人の実を得るなり。其れ猶お罝網《しゃもう》を張りて獣を取るがごときなり。多く其の会[2]に張りて之を司《うかが》い、道、其の事に合わば、彼自ら之を出だす。此れ、人を釣るの網なり。

1 **其の次……原文**「**其次**」。
ここでの「次」は場所の意味。言葉の生まれる場所の意味で解釈した。あるいは、『荘子』田子方篇に「喜怒哀楽、胸次に入らず（喜怒哀楽の感情も胸の中に入らない）」という「次」を「中」の意味とする表現もあり、もっと踏み込んで「心の中」と解釈してもいいかもしれない。

2 **其の会……原文**「**其會**」。
『鬼谷子』において「会」は相手の心と言葉に接触・交流すること、その機会を指す。本経陰符七術には「人の意慮の交会を待ちて、之を聴き之を候うなり（相手の意志・思考との接触を待ちうけて、言葉を聴き、探る）」とある。

【補説】

ここでは、「言葉は必ず相手の心の中の「事」を表す」という『鬼谷子』の考え方が説かれます。これは先秦の戦乱期においては独特の発想だったでしょう。

というのも、当時の知識人においては「言葉はなんとでもいえる信用できないもの」という考え方のほうが多かったのではないかと思われるからです。

例えば、孔子は『論語』の季氏篇で「君子は夫《か》の之を欲すを曰《い》うを舎《お》いて之が〝辞〟を為すものを疾《にく》む（君子は正直に「ほしい」と言わず、わざわざ別の言葉をこしらえる人間を嫌う）」と言っています。ここには、言葉は本心・真実を隠すために意図的に使われるものという現状認識があり、だからこそ、孔子は「必ずや名を正さんか（何よりも名目（言葉）を正さなければならない）」（子路篇）と言ったわけです。そして、その問題意識が、後続の荀子による、言葉（「名」）をいかに実質（「実」）と一致させるか、という言葉についての今で言う論理学的な研究（『荀子』正名篇）を生むことになるのです（ちなみに同様の言葉についての研究は、墨家、名家といった学派でも行われます）。

また一方で、道家においては、そもそも言葉は直接本当のこと（真理）を表現しないと考えました。例えば、『老子』は第一章で「名の名とすべきは、常の名に非ず（何かを指し示す言葉で、我々が「何かを指し示している」と考えるようなものが、何かを指し示していることはないのだ)」と言います。だからこそ、『荘子』では真理について直接説明するのではなく、寓話(「寓言」)の中の矛盾した言葉遣いによってほのかに感じさせる手法を取ることになるのです。

つまり、およそ当時の知識人は言葉を、特に乱世に飛び交う類の言葉を信用していなかったのです。

しかし、『鬼谷子』は正しさを探究することを目的とした哲学ではなく、縦横家という実践者のための術です。だからこそ同じ時代にあっても言葉の持つ正しさ(真理)ではなく、実際の効果に注目し、この節に見られるような、言葉(「辞」)の持っている相手の内面(「事」)を表す「象比」という機能を認識できたのかもしれません。

人言者、動也。己默者、靜也。因其言、聽其辭。言有不合者、反而求之、其應必出。言有象、事有比、其有象比、以觀其次。象者象其事、比者比其辭也。以無形求有聲。其釣語合事、得人實也。其猶張罝網而取獸也。多張其會而司之、道合其事、彼自出之。此釣人之網也。

——相手の言葉は変化で引き出す

相手を動かすためには、常にこうした網を持って、相手を追い立てていかなければなりません。

相手が口を開かず「事」が言葉に映らない（「比」の作用がない）ときは、相手に合わせて変化するのです。相手の「事」を表す（「象」の作用がある）言葉をこちらからかけて相手を動揺させ、そうすることで相手の心に応じ、本心を見、それに従って相手をコントロールするのです。

こちらから「反」が行けば、むこうから「覆」が来る。

やりとりされる言葉の中に「事」を表す「象比」の作用が見られれば、それに従って相手を動かすための基礎を定めるのです。繰り返し、繰り返し、「反」し「覆」していけば、どんな「事」も必ず言葉に現れるのです。

聖人が人を導くには、それが愚者であろうと智者であろうと、相手の「事」については、決してあやふやにはしないものです。

うまく心で聴く者は、鬼神のように聴き方を変化させながら相手の本心を把握する。その変化が当たれば、それをきっかけとしてさらに話の流れをコントロールして「事」を審らかにするのです。話の流れをコントロールして「事」を審らかにしなければ、相手の本心をとらえて明らかにすることはできません。相手の本心をとらえて明らかにできなければ、相手を動かすための基礎がはっきりと定まらないことになるのです。

常に其の網を持して之を駆る。其れ言わずして比無くんば、乃ち之が為めに変ず。象を以て之を動かし、以て其の心に報い、其の情を見、随いて之を牧す。己、反往すれば、彼、覆来す。言、象比有らば、因りて基を定む。之を重ね、之を襲《かさ》ね、之を反し、之を覆さば、万事、其の辞を失わず。聖人の愚智を誘《みちび》く所、事、皆疑ならず。故に善く反聴[1]する者は、乃ち鬼神[2]に変じて以て其の情を得《う》。其の変当るや、之を牧して審らかにするなり。之を牧して審らかならざれば、情を得て明らかならず。情を得て明らかならざれば、基を定むること審らかならず。

1 **反聴……原文同じ。**
心で聞くこと。本経陰符七術「意志力を充実させるには螣蛇《とうだ》のように」にも「精神魂魄固く守りて動かざれば、能く内視、反聴して志を定む（心全体が「一」（雑念のない状態）であることを固く守って動かないようにすること。そうすれば、相手の内心を心で見抜き、言葉を心で聞き取り、意志力を安定させることが可能になる）」とある。

2 **鬼神……原文同じ。**
一種の精霊、あるいは死者のたましいのこと。「鬼神」は当時、人間に対して目に見えない形で影響を与える存在だと考えられていた。ここでは、そのとらえどころのないイメージが『鬼谷子』の術を用いる者の無限の変化のあり方の象徴として引かれている（許富宏注による）。

【補説】

この節では、言葉のやりとり（「反覆」）の中で、いかに相手の話を聴くかという教えが説かれます。『鬼谷子』における「聴く」とは、単に耳で相手の話す内容をとらえるという意味ではありません。話す相手のトーン、表情、しぐさ、微妙な雰囲気など、相手の全体をすべての感覚を動員してとらえる行為なのです。そうしたあり方を、ここでは「心で聴く（反聴）」という言葉で表現しています。

常持其網驅之、其不言無比、乃爲之變。以象動之、以報其心、見其情、隨而牧之。己反往、彼覆來。言有象比、因而定基。重之襲之、反之覆之、萬事不失其辭。聖人所誘愚智、事皆不疑。故善反聽者、乃變鬼神以得其情。其變當也、而牧之審也。牧之不審、得情不明、得情不明、定基不審。

——声を聞きたければ黙る

このように「象比」を変化させていけば必ず返ってくる言葉があります。そこで黙ってこれを聞くのです。つまり、声を聞きたければ、こちらは反対に黙る。拡げたければ、反対におさめ、高めたければ、反対に下り、取りたければ、反対に与えるのです。

相手の本心を開かせようとする者は、相手の「事」を表す言葉をこちらからかけ（「象」）、相手の「事」を映す言葉を聞き（「比」）、相手の話の流れをコントロールする。

同じ「事」を表す言葉は引きつけ合い、話の筋道は同じところに落ち着くものなのです。

象比を変ずれば必ず反辞有りて、以て還りて[1]之を聴く。其の声を聞かんと欲すれば、反りて黙し、張らんと欲すれば、反りて斂《おさ》め、高からんと欲すれば反りて下り、取らんと欲すれば、反りて与う。[2]情を開かんと欲するものは、象して之を比し、以て其の辞を牧す。同声は相い呼び、実理は同帰す。

1　**以て還りて……原文「以還」**。
そこで黙っての意。「還」は話す「陽」から黙る「陰」への動きと解釈した。捭闔篇に「陽は還りて陰に終わり（陽はめぐってついには陰となり）」とある。

2 **其の声を聞かんと欲すれば、反りて黙し～取らんと欲すれば、反りて与う……**原文「**欲聞其聲、反默～欲取、反與**」。

『老子』第三十六章に見られる「之を歙《ちぢ》めんと将欲《ほっ》せば、必ず固《しばら》く之を張れ。之を弱めんと将欲せば、必ず固く之を強めよ。之を廃せんと将欲せば、必ず固く之を興せ。之を奪わんと将欲せば、必ず固く之を与えよ（それを縮めたいのならば、いったんそれを拡げなければならない。これを弱めたいのならば、いったんそれを強めなければならない。これをなくしたいのならば、いったんそれを盛り立てなければならない。これを奪いたいのならば、いったんそれを与えなければならない）」という教えと共通する。ただし、『老子』のベースにあるのが過剰なプラスは必ずゼロに帰るという「道」の力学であるのに対し、『鬼谷子』にあるのは陰陽の理論である点に違いがある。

【補説】

この節で説かれる教えの根底には「陰は極まりて陽に反る（陰は極まると陽に反転する）」（捭闔篇）という陰陽の理論があります。

例えば、話そうとしない「陰」の姿勢の相手には、こちらも話さずさらに「陰」を加えることで、耐えきれなくなった相手が自然と「陽」の状態になって話し始めるのです。

變象比、必有反辭、以還聽之。欲聞其聲反默、欲張反斂、欲高反下、欲取反與。欲開情者、象而比之、以牧其辭。同聲相呼、實理同歸。

――先ず相手の「類」を見定める

ある時はこれに従って動き、ある時はあれに従って動き、ある時は上に仕え、ある時は下を治める。この自由自在な変化こそ、相手の話の真偽を聴き分け、自分の謀略とマッチしているかを知り、本心と偽りをとらえる者の姿なのです。

どう動くか、言うか黙るかは、相手を知ることによって行い、喜びや怒りをいかに表現するかについても、相手を知ることによって正しいやり方を見出す。すべては、先ず相手を見定め、それを原則とするということなのです。

そのためには、相手に言葉をかけて（「反」）フィードバック（「覆」）を求め、相手のよって立つところを見なければなりません。

そして、この術を用いる者は、自ら平静であろうと意識し、相手の言葉を聞き、相手の「事」を察し、あらゆる物事を論じ分け、優劣を区別するのです。

相手の「事」に限らず、微かなことを見て相手の「類」を知る様は、相手を探って相手の心の内側に居るかのよう。能力を量り、意志の方向性を的中して、ぴったりと相手の実態に当てはまる様は、螣蛇《とうだ》の示す吉凶、羿《げい》の引く矢のようなのです。

或いは此れに因り、或いは彼に因り、或いは以て上に事《つか》え、或いは以て下を牧す。此れ、真偽を聴き、同異を知り、其の情詐[1]を得るなり。動作、言黙、此れと出入し、喜怒、此れに由りて以て其の式[2]を見る。皆、先定[3]を以て之が法則を為す。反を以て覆を求め、其の託《よ》る所を観る。故に此れを用うる者、己、平静を欲して以て其の辞を聴き、其の事を察し、万物を論じ、雌雄を別《わか》つ。其の事に非ずと雖も、微を見て類を知ること、人を探りて其の内に居るが若《ごと》し。其の能を量り其の意を射て、符応失わざること、螣蛇[4]の指す所の如く、羿[5]の矢を引くが若し。

1　**情詐……原文同じ。**
「情」は内面の実情・本心の意味。「詐」は偽りのこと。

2　**式……原文同じ。**
手本、モデルの意味。

3　**先定……原文同じ。**
先ず相手を見定めること。高田哲太郎が「訳稿」で示した「先に「情」、「実」をつかんで対応方針を決しておくこと」という解釈を参考にした。

4　**螣蛇……原文同じ。**

雲や霧とともに現れて空を飛ぶ蛇。『荀子』勧学篇に「螣蛇は足無くして飛ぶ」とある。陶注に「螣蛇の指す所、禍福差《たが》わず」とある。

5 **羿……原文同じ。**

弓の名人。「羿」という人物については二通りの話があり、一つは夏《か》の有窮国の君主で夏の宰相の地位を奪うも政治をかえりみなかったために臣下に殺された人物、もう一つは、堯《ぎょう》帝の時代に十個の太陽が出た際に九個を弓で射落とした伝説中の人物であり、いずれも弓の名人として伝えられている。

或因此、或因彼、或以事上、或以牧下。此聽真偽、知同異、得其情詐也。動作言默、與此出入、喜怒由此以見其式。皆以先定爲之法則。以反求覆、觀其所託。故用此者、己欲平靜以聽其辭、察其事、論萬物、別雌雄。雖非其事、見微知類、若探人而居其內。量其能射其意、符應不失、如螣蛇之所指、若羿之引矢。

——己を知り人を知る

そして、相手を知る行為は自分を知ることに始まり、自分を知ってはじめて相手を知ることができるのです。

自分の本心を知ることで相手の本心が知られる様は、二匹一対の比目の魚のよう。

自分の本心によって相手の本心があらわれる様は、光が常に影とあるかのよう。

それによって相手の言葉の中にある本心を察して見失わない様は、磁石が針を引きつけ、舌があぶった肉の小骨を取り去るよう。

人と繊細に関わり、本心を素早く見抜く境地というのは、あたかも相手と自分が、陰と陽、円と方のようにぴったりと対応することなのです。

そして、相手がいまだはっきりと本心を見せないのであれば、相手に合わせた変化（円）によって導き、それが見えてきたら確固たる方向性（方）によって話の流れをコントロールして引き出す。進むか退くか、右に行くか左に行くかは、こうした手順によって律するのです。

自分が相手を見定めなければ、人を正しくコントロールすることはできず、「事」を実行しても巧妙な形にはならない。これを、「本心をつかむことを忘れて「道」を失う」というのです。

自分が相手を詳細に見定め、それによって相手をコントロールすれば、策を用いて悟られず、口から出る言葉の出入りを把握されることもない。こうした境地を「天の神秘」というのです。


故に之を知るは己に始まり、自ら知りて後に人を知るなり。其の相い知るや、比目の魚[1]の若く、其の形を見るや、光の影とあるが若し。其の言を察するや失わざること、磁石の鍼を取るが若く[2]、舌の蟠骨を取るが如し。其の人に与《あず》かるや微、其の情を見るや疾なること、陰と陽の如く、円と方の如し。未だ形を見ざれば、円、以て之を道《みちび》き、既に形を見れば、方、以て之を事とす[3]。進退、左右、是を以て之を司る。己、先定せざれば、人を牧して正しからず、事用、巧みならず。是れ、情を忘れ道を失うという。己、審らかに先定して以て人を牧すれば、策して形容なく、其の門を見る莫し。是れ、天神と謂う。

1 **比目の魚……原文「比目之魚」**。
ヒラメやカレイの類の魚のこと。これらの魚は古くは一眼であるとされ、二匹並んで初めて泳ぐことができると考えられていた。

2 **磁石の鍼を取るが若く……原文「若磁石之取鍼」**。
西洋におけるプラトン『イオン』中の記述と並んで、磁石についての最も古い記述の一つとされる。

3 **未だ形を見ざれば、円、以て之を道《みちび》き、既に形を見れば、方、以て之を事とす……原文「未見形、圓以道之、既見形、方以事之」**。
先にあった「其れ言わずして比無くんば、乃ち之が為めに変ず。象を以て之を動かし、以て其の心に報い、其の情を見、随いて之を牧す（相手が口を開かず「事」が言葉に映らないときは、相手に合わせて変化するのです。相手の「事」を表す言葉をこちらからかけて相手を動揺させ、そうすることで相手の心に応じ、本心を見、それに従って相手をコントロールするのです。)」を円方の理論で言い換えたもの。

【補説】

他人の心の中については直接感覚することができない以上、どこまで行っても「自分だったら、どう感じるか、どう考えるか」という自分の心を起点とした類比として知られる他ありません。

では、そんな人間の認識の限界の中で、いかに正確に相手の心を知るか？

この節で説かれる『鬼谷子』の答えは、自分自身の心を熟知することが相手の心を知ることに繋がる、というものでした。

つまり、善人の心を知りたければ、自分の心の中の善人の部分を手掛かりに想像するしかないですし、悪人の心を知りたければ自分の心の中の悪人の部分を手掛かりに想像するしかない。同様に君主の心は自分の中の君主の部分、平民の心は自分の中の平民の部分、忠義者の心は自分の中の忠義者の部分、裏切り者の心は自分の中の裏切り者の部分を手掛かりにするしかない。だとすれば、他人の心を知るには自分の心の中にある、あらゆる側面を省みて知り尽くしておく必要があるのです。そのためには、外界の出来事に対して自分の心がどう反応するのかを逐一観察していくこと。その掘り下げ方が深ければ深いほど、他人の心についての洞察も深くなるのです。

それこそが「相手を知る行為は自分を知ることに始まり、自分を知ってのちに相手を知ることができる（之を知るは己に始まり、自ら知りて後に人を知るなり）」という言葉の意味するところでしょう。

故知之始己、自知而後知人也。其相知也、若比目之魚、其見形也、若光之與影也。其察言也不失、若磁石之取鍼、如舌之取蟠骨。其與人也微、其見情也疾、如陰與陽、如圓與方。未見形、圓以道之、既見形、方以事之。進退左右、以是司之。己不先定、牧人不正、事用不巧。是謂忘情失道。己審先定※以牧人、策而無形容、莫見其門。是謂天神。

※底本「先審定」。諸本に従って「審先定」とする。

内揵《ないけん》第三

当時における、縦横家が権力者を説得して動かす行為は、ディベート競技でも哲学的な議論でもなく、自らの生き死にまでがかかった実戦そのものだった。したがって、「根拠を示して正しい言い分で相手を説得することがフェアである」といった発想は一切ない。使えるものはすべて使うだけである。

そして、そうした「使えるもの」の中でも、縦横家の重視したものが、相手との個人的な結びつき、関係性だった。これを『鬼谷子』では「内揵」と呼ぶ。本章では、事前に相手との間に「内揵」を結んでおくこと、相手との間に「内揵」があるかどうかを把握する重要性について説かれる。

「内揵」があれば去就は自由自在

君主と臣下の関係の中で「事」に取り組む際には、遠いのに親しい、近いのに疎んじられる、相手に就き従って用いられない、相手から去りながらかえって求められる、日々前に進み出ても用いられない、遥か離れていながらお互いに評判を耳にして思い合う、といったことがあります。

なぜこうした違いが生まれるかと言えば、「事」に取り組むにも、すべて「内揵」というものがあるからなのです。

内揵は普段から謀略の出発点として、相手との間に結んでおくべき関係性のこと。あるいは道徳で結び、あるいは仲間であることによって結び、あるいは金銭で結び、あるいは快楽によって結ぶのです。

そして、そのような考え方に従えば、入ろうと思えば入り、出ようと思えば出、親しくなろうと思えば親しくなり、疎遠になろうと思えば疎遠になり、就こうと思えば就き、去ろうと思えば去り、求められようとすれば求められ、思われようと思えば思われるといった状態となる。

こうしたあり様は、あたかも蚨《ふ》という虫の母が子を世話する際に、巣から出てスキなく、巣に入って形跡なく、思うままに行き来して、これを止めることができないのと同じなのです。

君臣上下の事、遠くして親、近くして疏、之に就きて用いられず、之を去りて反りて求められ、日々前に進みて御《もち》いられず、遥かに声を聞きて相い思う有り。事、皆内揵有り。素より本始に結ぶ。[1]或いは結ぶに道徳を以てし、或いは結ぶに党友を以てし、或いは結ぶに財貨を以てし、或いは結ぶに采色を以てす。其の意を用うれば、入るを欲すれば則ち入り、出づるを欲すれば則ち出で、親なるを欲すれば則ち親に、疏なるを欲すれば則ち疎に、就くを欲すれば則ち就き、去るを欲すれば則ち去り、求めらるるを欲すれば則ち求められ、思わるるを欲すれば則ち思わるる。蚨母《ふぼ》[2]の其の子に従うや、出づるに間無く、入るに朕《あと》無く、独り往き独り来りて之を能く止むる莫きが若し。

1　**素より本始に結ぶ……原文「素結本始」**。
ここでの「素」は普段、平素の意味（許富宏説）。「本始」は根本的な出発点。『荀子』礼論篇に「性、本始にして材朴なり（人の生まれつきの性質が、そもそもの礼の出発点であり、それは素朴な資質である）」とある。「結」は相手と結びつくという意味。『戦国策』楚策一に、縦横家の江乙《こういつ》が楚王に寵愛された安陵君という人物に保身の策を授ける際に、「深く自ら王に〝結〟ぶなし（あなたは王と深く結びついていない）」という言葉で相手の動揺を誘う場面がある。

2　**蚨母《ふぼ》……原文同じ**。

陶注によれば「蚨」はクモに似た虫でその巣穴には蓋があり、出入りしても巣穴を悟られないという。

君臣上下之事、有遠而親、近而疏、就之不用、去之反求、日進前而不御、遙聞聲而相思。事皆有內揵。素結本始。或結以道德、或結以黨友、或結以財貨、或結以采色。用其意、欲入則入、欲出則出、欲親則親、欲疏則疏、欲就則就※、欲去則去、欲求則求、欲思則思。若蚨母之從其子也、出無間、入無朕、獨往獨來、莫之能止。

※底本「欲就則就」なし。諸本に従って補う。

「内揵」とは何か？

「内揵」の二字を分解すれば、「内」(相手の心にかなう)とは前に進み出て説得するための要素であり、「揵」(とざす)とは相手を謀略に閉じ込めることです。

つまり、相手を説得しようと思う者は、心にかなう(「内」)ため、普段からひそかに相手の本心をはかることを第一とし、自分の「事」のために謀略を考える者は、謀略に閉じ込める(「揵」)ため、相手の様子に従うことを第一とするのです。

ひそかに相手を動かせるかどうかを考え、進み出て相手にとっての利益と損失を語り、それによって相手の意志をコントロールする。そうした中で、起こることに対してはその時々で対応し、自分の謀略に合う形に治めていく。つまり、これから起こること（「来」）を詳しく考え、進めてきた謀略（「往」）に閉じ込めていけば、その時々に応じてやることとなすことが当たるのです。

そもそも、こちらの謀略に相手の心にかなわないこと（「内に合せざる者」）があれば、それを実行してはいけません。

だからこそ、適切なタイミングをはかりつくし、相手の中の好都合な要素を見つけ、それに従ってこちらの振る舞いも変化させようとしていく。そうした変化によって相手の心にかなおうと（「内」）すれば、カギによって門のかんぬきを取り去るようにたやすく謀略は成功するのです。

内とは進みて辞を説くなり。[1] 揵とは謀る所に揵《と》ざすなり。[2] 説かんと欲する者は[3]隠《ひそ》かに度るに務め、事を計る者は循順なるに務む。陰《ひそ》かに可否を慮り、明らかに得失を言い、以て其の志を御す。来に方《あた》りては時に応じて、以て其の謀に合す。詳らかに来を思いて往に揵ざせば、時に応じて当たるなり。夫れ、内に合せざる者有らば、施行すべからざるなり。乃ち時宜を揣切し、為す所に便なるに従い、以て其の変を求む。変を以て内を求める者は、管《かぎ》の揵を取るが若し。

1 **内とは進みて辞を説くなり……原文**「**内者、進説辭也**」。
文として破格の感じがあり訳しにくいが、続く文の中で「内」が「相手の心にかなうこと」の意味で使われていることは、ほぼ間違いないため、ここではこのように解釈した。

2 **揵とは謀る所に揵《と》ざすなり……原文**「**揵者、揵所謀也**」。
「揵」はあまり見られない字だが、蕭登福によれば、「楗」と同じ意味で門を閉ざすかんぬきの意味。『荘子』庚桑楚篇にも「内揵」という言葉が出てくるが、こちらはおそらく自分の内なる心を閉ざす意味で使われている。

3 **説かんと欲する者は……原文**「**欲説者**」。
ここから、次節の最後部「聖人不爲謀也（聖人、謀を為さざるなり）」までは、道蔵本系にはなく嘉慶十年本系にのみある。

【補説】
この節では動かす相手との間で結んでおくべき関係性「内揵」の詳細が説かれます。前節で、「内揵」を結ぶための手段として、「道徳」「仲間であること（党友）」「金銭（財貨）」「快楽（采色）」という四つの例が挙げられていました。しかし、どのように相手との関係性を結ぶにせよ、ポイントは相手の内心と自分のなそうとする謀略が合っていること。つまり、そうした相手を選んで関係性を持つことが最も大事である、というのが、この節からの主旨です。

內者、進說辭也。揵者、揵所謀也。欲說者、務隱度、計事者、務循順。陰慮可否、明言得失、以御其志。方來應時、以合其謀。詳思來揵往、應時當也。夫內有不合者、不可施行也。乃揣切時宜、從便所爲、以求其變。以變求內者、若管取揵。

――「事」の合う相手と結ぶ

これまでのことについて語る場合は、何よりも相手の言葉に従い、これからのことを説く場合は、自由自在に語る。このようにうまく変化する者は、審らかに地理や情勢を知り、天の法則に通じ、四季に従って姿を変え、鬼神を使い、陰陽に合致し、人民を治めることができます。

相手の持っている謀略と「事」を見て、意志のあり様を知るのです。

相手の「事」と合わない感じがあるとすれば、それはまだ相手の持っている意志の方向性に未知の部分があるのです。

また、「事」が合っていても、実際に「内揵」によって結びついていなければ、表向きは親しくしていても陰で疎んぜられることになりますし、そもそも「事」に合わない部分があれば、聖人は謀略を立てようともしないものなのです。

往を言う者は、先ず辞に順うなり。来を説く者は、変を以て言うなり。善く変ずる者は、審らかに地勢を知り、乃ち天に通じ、以て四時に化し[1]、鬼神を使い、陰陽に合し、人民を牧す。其の謀事を見て、其の志意を知る。事に合わざる者有らば、未だ知らざる所有るなり。合いて結ばざる者は、陽に親しくして陰に疎んぜらる。事に合わざる者有るは、聖人、謀を為さざるなり。

1　**以て四時に化し……原文「以化四時」**。後に見るように『鬼谷子』は持枢において、天に四季があるごとく国を治める君主にも四季があるとし、君主もそれに従う者も、そうした四季を踏まえた振る舞いが求められることを説く。

言往者、先順辭也。說來者、以變言也。善變者、審知地勢、乃通於天、以化四時、使鬼神、合於※陰陽、而牧人民。見其謀事、知其志意。事有不合者、有所未知也。合而不結者、陽親而陰疏。事有不合者、聖人不爲謀也。

※底本「于」。諸本に従って「於」とする。

――相手の「類」に従って、謀略の中に閉じ込める

遠いのに親しまれる者は、ひそかに相手と意志の方向性が合っている。

近いのに疎んじられる者は、意志の方向性が合っていない。

就き従って用いられない者は、相手に受け入れられる策を持っていない。

去りながらかえって求められる者は、なそうとする「事」が相手のこれからにマッチしている。

日々前に進み出ても用いられない者は、実行している謀略が相手に合っていない。

遥か離れていながら、お互いに評判を耳にして思い合う者は、お互いの謀略が合っていて、「事」の決断を待つばかりの状態になっている。


だからこそ言うのです。「相手の「類」を見極めずに謀略を実行する者は抵抗され、本心を把握せずに説得する者は拒否される」と。相手の本心をとらえて、そのための方法を定めてしまえば、これによって出るも入るも、閉じ込めるも解放するも思いのままになるのです。

だからこそ、聖人がなすべき「事」に取り組む場合は、先ず相手を知って、それから自分の謀略の中に閉じ込める（「内揵」を結ぶ）という手順を取るのです。

故に遠くして親しき者は、陰徳有るなり。[1] 近くして疎んぜらるる者は、志合わざるなり。就

きて用いられざる者は、策を得ざるなり。去りて反りて求めらるる者は、事、来に中《あた》るなり。日々前に進みて御《もち》いられざる者は、施すことの合わざるなり。遥かに声を聞きて相い思う者は、謀に合いて以て事を決するを待つなり。[2]故に曰く、其の類を見ずして之に為すものは、逆らわれ、其の情を得ずして之に説く者は、非とせらる。其の情を得て、乃ち其の術を制すれば、此《ここ》を用《も》って出づべく入るべく、揵《と》ざすべく開くべし。故に聖人、事を立つるや、此を以て先ず知りて万物を揵ざす。

1　**陰徳有るなり……原文「有陰徳也」**。
ここでの「陰徳」は、鄭傑文や許富宏の解釈に従って続く文の「志合わざるなり」と対をなす意味に解釈した。

2　**事を決するを待つなり……原文「待決事也」**。
『鬼谷子』において「決」とは、あやふやな要素をはっきりさせたり、迷っていることについて決断したりすること。決篇や本経陰符七術中の「「損兌」は霊蓍《れいし》のように」で詳しく説かれる。

故遠而親者、有陰徳也。近而疏者、志不合也。就而不用者、策不得也。去而反求者、事中來也。日進前而不御者、施不合也。遙聞聲而相思者、合於謀以待決事也。故曰、不見其類而爲之者、見逆、不得其情而説之者、見非。得其情、乃制其術、此用可出可入、可揵可開。故聖人立事、以此先知而揵萬物。

「内」と「外」を使い分ける

いわゆる道徳、仁義、礼楽、忠信の名目に従って謀略を立て、何よりも『詩経』『書経』を引用し、様々な言い分をまじえ、ある部分を目立たなくし、ある部分を強調し、話の筋道を定めてから、就いたり去ったりするために説く。

意気投合しようとするなら、相手の心にかなう内容(「内」)を言い、去ろうとするなら、相手の心が受け付けないこと(「外」)を言う。言葉のそうした選び方(「内外」)にも、明確な「道」に従った術がなければならないのです。

さらには、これから起こることを予測して策を立て、あやふやな部分を見てこれをはっきりさせれば、策に失敗はなく功を立て徳をほどこすことができるのです。

夫《か》の道徳、仁義、礼楽、忠信に由りて計謀し[1]、先ず詩書を取り[2]、説を混《まじ》えて損益し[3]、議論して去就す。合うを欲する者は内を用い、去るを欲する者は外を用う。外内は必ず道数を明らかにす。来事を揣策し、疑を見て之を決すれば、策に失計無く、功を立て徳を建つ。

1

夫《か》の道徳、仁義、礼楽、忠信に由りて計謀し……原文「**由夫道徳、仁義、禮樂、忠信、計謀**」。

ここで列挙されているのは、要は当時の世間で承認されている正統的な価値観。どこに出しても通用する正論であり、大義名分である。これらを重視し実践しようとしたのが孔子に始まる儒家であるが、『鬼谷子』の重点は、こうした正論、大義名分によって権力者を動かすことで、敵対者のつけ入るスキを作らないところにある。

2

先ず詩書を取り……原文「**先取詩書**」。

『詩経』『書経』は当時の代表的な権威あるテキスト。特に当時の有力学派である儒家と墨家がこれを尊重した。自分の言い分を補強する言葉をこの中から引くことで説得力を増し、批判されにくい状況を作る。中経にある自分の心を読み取られないための術を説いた「形を見《あらわ》して容を為し、体を象りて貌を為す」においても、「言は必ず詩書（言うことは『詩経』『書経』にのっとる）」と説かれる。

3

説を混《まじ》えて損益し……原文「**混説損益**」。

自分の話の説得力を増すため、先人の言い分や古典にある一節について、自分に有利な部分を強調し、不利な部分を目立たなくしつつ引用するということ。揣篇、権篇では「飾言」と表現される。当時の遊説において、自分の説を補強するために引用が重視されていたことは、例えば『韓非子』に自説補強のための説話を集めた、内儲説《ちょぜい》上・下、外儲説左上・下、外儲説右上・下（儲は貯、たくわえる意）という各篇が付せられていることからもうかがえる。

由夫道德、仁義、禮樂、忠信、計謀、先取詩書、混說損益、議論去就。欲合者用內、欲去者用外。外內者必明道數。揣策來事、見疑決之、策※無失計、立功建德。

※底本「策」の後に「而」。諸本に従ってとる。

——天命に従い、成して身を退く

「君臣上下の秩序を正し、安定した税収を得る」といった正論を、「君主を謀略に閉じ込め、心にかなうもの」と言います。

しかし、もし上に立つ者がこうした言い分に耳を貸さないほどに暗愚で国が治まらず、下で支えるものもまた乱れ切ってもそれを悟らないのであれば、君主と「内揵」を結び、こちらの謀略に閉じ込め国をひっくり返して自分がとって代わるのです。また、もし君主が独り合点して、耳を貸さない態度を取るのであれば、「飛箝」の術を使ってこちらに有利な言質を取るという方法もあります。

いずれにせよ、自然と来る天命（状況）に対して、自分からそれを迎え入れ、コントロールするのです。そして、もしその場を去ろうとするのであれば、自分のいることが相手を危うくすると説けばいい。

状況の変化に従って無限に変化することで、こちらのしたことを誰にも知られないまま、無事に身を退くまでに至って、天下に生き方の手本を体現することができるのです。

名を治め産業に入《い》る[1]を、揵ざして内に合うと曰う。上、暗にして治まらず、下乱れて寤《さと》らざれば、揵ざして之を反す[2]。内、自得して、外、留めざれば[3]、説きて之を飛す[4]。若《も》し命、自ら来らば、己、迎えて之を御す。若し之を去るを欲せば、危に因りて之に与う[5]。環転し因りて化せば[6]、為す所を知らるる莫くして、退きて大儀[7]を為す。

1　**名を治め産業に入《い》る**……**原文**「**治名入産業**」。
陶注に「君臣の名を理《おさ》めて上下に序有らしめ、貢賦の業に入りて遠近に差無さしむ（君臣のけじめをはっきりさせることで上下の秩序を生み、徴税の事業について遠い場所も近い場所も差のないようにする）」とある。

2　**揵ざして之を反す**……**原文**「**揵而反之**」。
相手を謀略に閉じ込め国をひっくり返し、とって代わるということ。抵巇篇にも「治むべからずんば則ち抵して之を得（世の中が治めることができない状況であれば手を打って自分がとって代わる）」という同様の表現がある。

3 **内、自得して、外、留めざれば……原文**「**内自得而外不留**」。

陶注に「自ら賢とするの主、自ら行う所を以て得を為し、外に賢者の説を留めざるを言う（自分を賢いと考える君主は、自分の行うことが正しいと考え、外に対しては賢者の説も心にとめないことを言う）」とある。

4 **説きて之を飛す……原文**「**説而飛之**」。

「飛」は「飛箝」の術を施す意味。「飛箝」の術については飛箝篇を参照。

5 **危に因りて之に与う……原文**「**因危與之**」。

この四字の意味について、陶注に「其の将に危うからんとするに因りて之が辞を与う（危険になるだろうという言い分に従って、相手に言葉を説くこと）」とある。

6 **環転し因りて化せば……原文**「**環轉因化**」。

「環轉」は輪（円）の転がる様。『鬼谷子』において、輪（円）の転がる様は、状況に対する無限の変化の象徴。「化転環属」（忤合篇）、「転円」（本経陰符七術）なども表現される。

7 **大儀……原文同じ**。

天下に対する手本の意味。他の古典の用例に『管子』任法篇の為政者にとっての法の重要性を説く箇所に「聖君の天下の大儀を為す所以なり（偉大な君主が天下の手本となるのはこれによるのだ)」というものがある。『老子』にも「聖人は一を抱きて天下の式を為す(聖人は一つの「道」の法則を抱くことで天下の手本となる)」(第二十二章)、「其の白を知りて、其の黒を守らば天下の式を為す(賢さを知って、愚かさを守れば、天下の手本となる)」(第二十八章)という似た表現があり、天下に対して手本(「大儀」・「天下式」)となることは、当時のある種の思想において「聖人」の条件であったのかもしれない。

治名入產業、曰揵而內合。上暗不治、下亂不寤、揵而反之。內自得而外不留、說而飛之。若命自來、己迎而御之。若欲去之、因危與之。環轉因化、莫知所爲、退爲大儀。

抵巇《しぎ》第四

縦横家の弁舌集である『戦国策』には、鬼谷先生の弟子とされる蘇秦が「之を其の未だ乱れざるに治め、之を其の未だ有らざるに為す（物事はまだ乱れていないうちに治め、まだ起こらないうちに対処しなければならない）」（楚策一）という格言を引いて王を説得する場面がある。

こうした、物事は兆し・きっかけ（「巇《ぎ》」）の段階で対処しなければならないという方法論は、縦横家に限らず戦乱期を生き抜く人間にとって非常に重要な考え方であったと思われる。

本章では、事が大きくなる前に手を打つことの重要性、兆し・きっかけの分類と対処について説かれる。

――大きな亀裂には小さな兆しがある

万物には然るべき姿があり、お互いの「事」には合うか合わないかがあります。近い間柄なのに相手の「事」を見ることができない場合もあれば、遠い間柄なのに相手の「事」を知ることができる場合もまたあります。

近い間柄なのに「事」を見ることができない者は、相手の言葉をよく察していないのであり、遠い間柄なのに相手の「事」を知ることができる者は、うまく言葉をかけて（「反」）、返ってきた言葉をしっかり吟味しているのです。

小さな亀裂はやがて大きな亀裂となり、大きな亀裂はやがて谷となり、谷はやがて巨大な隙間となります。

しかし、そのきっかけとなる小さな亀裂にはその兆しがあるもの。その時点で中から生じる亀裂は手を打って塞ぎ、外から生じる亀裂は手を打ってしりぞけ、下から生じる亀裂は手を打って落ち着かせ、まだ小さな亀裂は手を打って隠す。そして、手の施しようもなければ手を打って自分のものとする。

これを「抵巇《しぎ》の道理」と言うのです。

物に自然有り、事に合離有り。近くして見るべからざる有り。遠くして知るべき有り。近くして見るべからざる者は、其の辞を察せざるなり。遠くして知るべき者は、反往して以て来を験するなり。巇《き》は罅《か》なり。罅は㵎《かん》なり。㵎は大隙を成すなり。巇は始め朕《きざ》し有りて、抵して塞ぐべく、[1]抵して却《しりぞ》くべく、[2]抵して息《やす》むべく、[3]抵して匿すべく、[4]抵して得べし。[5]此れ、抵巇の理[6]と謂うなり。

1 **抵して塞ぐべく……原文**「**可抵而塞**」。陶注に「中より成る者は、抵して塞ぐべし」とあり、それを参考に解釈した。以下も同様に陶注を参考にした。

2 **抵して却《しりぞ》くべく……原文**「**可抵而卻**」。陶注に「外より来る者は、抵して却くべし」とある。

3 **抵して息《やす》むべく……原文**「**可抵而息**」。陶注に「下より生じる者は抵して息むべし」とある。

4 **抵して匿すべく……原文**「**可抵而匿**」。陶注に「其の萌微《ぼうび》なる者は、抵して匿すべし」とある。

5 **抵して得べし……原文**「**可抵而得**」。陶注に「都《すべ》て治むべからざる者は、抵して得べし」とある。

6 **抵巇の理……原文**「**抵巇之理**」。

物事は小さな兆しのうちに対処しなければならないという「抵巇の理」の考え方は、戦乱期を生き抜かなければならなかった各学派共通のものであった。そのことは儒家が占いの書である『易』を尊重したことや、道家のバイブル『老子』第六十三章に「其の未だ兆さざるは謀り易し（兆しもないうちこそ謀略を立てやすい）」とあること、法家に属する『商君書』更法篇にもまた「知者は未萌を見る（智者はまだ兆しもないうちに見抜く）」とあること（この『商君書』の言葉は『戦国策』趙策二にも引かれる）などからもうかがえる。

物有自然、事有合離。有近而不可見。有遠而可知。近而不可見者、不察其辭也、遠而可知者、反往以驗來也。巇者、罅也。罅者、𡾊也。𡾊者、成大隙也。巇始有朕、可抵而塞、可抵而卻、可抵而息、可抵而匿、可抵而得。此謂抵巇之理也。

――聖人は微かな亀裂を知る

取り組んでいる「事」において危険があれば、聖人はこれを察知して、ひとりその身を守ります。

状況の変化に従って自分のなすべき「事」を説き明かし、それに対する謀略を知り尽くせば、それにまつわる微かな事柄も分かってくるのです。

つねに毛先ほどの末端を手掛かりとして、巨大な泰山のふもとをそれで震わせる。そのような微かな事柄に基づく謀略を、外に対して実行するには、ことごとく「抵巇」の教えに従わなければなりません。

「抵巇」におけるちょっとした隙間（兆し・きっかけ）こそが、「道」に従った術の利用するものなのです。

事の危なるや、聖人、之を知りて独り其の身を保つ。化に因りて事を説き、計謀に通達して以て細微を識《し》る。経《つね》に秋毫[1]の末に起き、太山[2]の本に之を揮う。其の外に施すに、兆萌牙糵《げつ》の謀、皆、抵巇に由る。抵巇の隙、道術[3]が用を為す。

1　**秋毫……原文同じ。**
秋に生え変わった獣の細い毛。

2　**太山……原文同じ。**
泰山のこと。五岳の一つで霊山として知られる。

3　**道術……原文同じ。**
「道」（原理・原則）にのっとった術の意味。『荘子』天下篇では、世の中の各学派の人間が説く「方術」よりも、より一層本質的で古い至高の教えを「道術」と呼ぶ。

事之危也、聖人知之、獨保其身。因化說事、通達計謀、以識細微。經起秋毫之末、揮之於太山之本。其施外、兆萌牙櫱之謀、皆由抵巇。抵巇之隙、爲道術用。

――亀裂の大きさに従って対処を変える

天下が紛糾して混乱し、上に優れた君主がおらず、諸侯に倫理道徳がないという状況になれば、つまらない人間が他人を言葉でおとしいれ、賢人は用いられず、聖人は隠れ、利益のために人をだます人間ばかりが出てくるようになる。こうなれば、君臣はともに正常な判断を失い、秩序は土のように崩れ瓦のように砕けて、お互いに殺し合うことになり、父子も離れ離れになってお互いに反目する。これを「芽生えと亀裂」と言います。

聖人はこうした「芽生えと亀裂」を見れば、それに合った正しい方法で手を打ちます。すなわち「芽生えと亀裂」がまだ小さく世の中が治めることの可能な状況であれば、手を打って塞ぎ、大きくなっていて治めることができない状況であれば、手を打って自分がとって代わるのです。

しかし、実際にはある者がこのように手を打ったかと思えば、別の者があのように手を打ち、あるいは、ある者が手を打って働きかけ(「反」)、それに対して、別の者が手を打ってそれに対処し返す（「覆」）というふうな混乱した状況になることもあるもの。

古の五人の帝王の政治のやり方は、手を打って「芽生えと亀裂」を塞ぐものでしたし、夏の禹王、殷の湯王、周の武王の実行した「事」は、手を打って自分がとって代わるというものでした。

一方で、今は諸侯がお互いの中の「芽生えと亀裂」を見つけては手を打とうとすること、数えきれないほどのあり様になっています。こうした時代にあっては、相手の中の「芽生えと亀裂」に対して手を打つことに成功したものが上に立つのです。

天下紛錯し、上に明主無く、公候に道徳無くんば、則ち小人、讒賊し、賢人、用いられず、聖人、竄匿し、貪利詐偽者、作《おこ》る。君臣、相い惑い、土崩瓦解[1]して相伐射し、父子、離散し、乖乱反目す。是れ、萌芽巇罅と謂う。聖人、萌芽巇罅を見れば則ち之を抵するに法を以てす。世、以て治むべくんば則ち抵して之を塞ぎ、治むべからずんば則ち抵して之を得。或いは抵して此れの如く、或いは抵して彼の如く、或いは抵して之に反し、或いは抵して之に覆す。五帝の政、抵して之を塞ぎ[2]、三王の事、抵して之を得[3]。諸侯は相い抵すこと、勝《あ》げて数うべからず[4]。此の時に当りて、能く抵して右為り。

1　**土崩瓦解……原文同じ。**

土のように崩れ、瓦のように砕け散ること。天下の乱れを表現する譬えとして『史記』などにもよく見られる。

2 **五帝の政、抵して之を塞ぎ……原文「五帝之政、抵而塞之」**。
「五帝」という言葉が具体的にどの五人を指すかは諸説があるが、およそ尭や舜といった夏王朝以前の古の聖王たちを指す。彼らは代々血統によらず徳のある者に位を譲ったと言われる（これを後に禅譲という）。権力者の交代という「亀裂（巇）」を「禅譲」によって無事乗り越えた様が「抵して塞ぐ」と表現されている。

3 **三王の事、抵して之を得……原文「三王之事、抵而得之」**。
「三王」とは夏王朝の禹、殷《いん》王朝の湯、周王朝の武の三人の王のこと。禹は禅譲によって地位を受け継いだ後、自ら夏を立て、湯、武は前王朝の悪逆の王を倒してそれぞれ殷と周という王朝を立てた（これを後に放伐という）。ここでは前王朝のほころびという「亀裂（巇）」に乗じて自らの王朝を立てたことが「抵して之を得」と表現されている。

4 **諸侯は相い抵すこと、勝《あ》げて数うべからず……原文「諸侯相抵、不可勝数」**。
諸侯が分立してお互いの隙を狙い合う戦国時代の状況を表している。この訳注2から4の箇所は、「抵巇」の手法の変遷から時代の移り変わりを分析した『鬼谷子』の一種の歴史観を表している。ちなみに、『戦国策』によれば、戦国時代の真っただ中、燕国の王・噲《かい》は尭・舜の禅譲神話に心動かされ、王位を宰相・子之《しし》に譲った結果そのまま国を奪われ、暗君として名を残すことになった。この事例など、『鬼谷子』から見れば、時代の移り変わりに合った「抵巇」というものに対する見識の不足と断罪されるところであろう。

天下紛錯、上※無明主、公侯無道德、則小人讒賊、賢人不用、聖人竄匿、貪利詐偽者作、君臣相惑、土崩瓦解而相伐射、父子離散、乖亂反目。是謂萌芽巇罅。聖人見萌芽巇罅、則抵之以法。世可以治則抵而塞之、不可治則抵而得之。或抵如此、或抵如彼。或抵反之、或抵覆之。五帝之政、抵而塞之、三王之事、抵而得之。諸侯相抵、不可勝數。當此之時、能抵爲右。

※原本は「士」に改めているが、諸本は元々「上」。

聖人は天地の使者

この世界で、何かが合ったり離れたり、終わったり始まったりするときには必ず亀裂が生まれます。これを見極めなければいけません。

そのためには、正しく口を開いて言葉をかけ正しく口を閉じて様子を見る、あるいは誰が口を開き誰が口を閉じているのかを見るなど、「捭闔」の方法論を用いる必要があり、そうした「道」を用いることができる存在を聖人と呼んだのです。

聖人は天地の使いです。

世の中の亀裂のあり様を見て、手の打ちようがなければ深く隠れて時を待ち、手の打てるタイミングになれば謀略を立てる。こうした「道」によれば、上に立つ君主に合致し、下に立つ民衆を取り締まることができる。状況に従い、正しい相手に従い、天地のために「神」を心の中に保つのです。

天地の合離終始より、必ず巇隙有り、察せざるべからざるなり。之を察するに捭闔を以てす。能く此の道を用うるは聖人なり。聖人は天地の使なり。世に抵すべき無くんば則ち深く隠れて時を待ち、時に抵すべき有らば則ち之が謀を為す。此の道、以て上に合すべく、以て下を検すべし。能く因り能く循い、天地の為に神を守る。

自天地之合離終始、必有巇隙、不可不察也。察之以捭闔。能用此道、聖人也。聖人者、天地之使也。世無可抵、則深隱而待時、時有可抵、則爲之謀。此道可以上合、可以檢下。能因能循、爲天地守神。

飛箝《ひかん》第五

縦横家は、権力者を動かすにあたって、相手から言葉を引き出し言質を取るということを極めて重視した。

同意も約束も失言もいったん口から出されれば、決定的な拘束力を持つことを知っていたのである。この拘束力は不可逆的であり、言った後に取り下げても効果をゼロにすることはできない。

そうした拘束力を発生させる言葉を相手に公言させ、それを言質としてとらえ、それによって相手を動かす。これが『鬼谷子』の発想である。

本章では、相手からこちらの望む言質を取るための「飛箝」の術、およびその前提となる周囲の状況と相手の内心を把握することの重要性が説かれる。

この「状況・内心の把握↓相手を動かす」という一連のプロセスは、揣篇・摩篇においてより発展した形で語り直されることになる。

―――相手を動かすには言質を取る

すべて天下の力のバランスをはかり、相手の能力をはかるのは、自分のもとに遠くから招き寄せ、近くから来させるためなのです。

勢いを作り出して、己の「事」を成し遂げるためには、必ずまず本心を同じくするかを察知し、相手が是としているかを言葉から区別し、受け入れているかどうかを言葉から見て、相手に「しよう」という意志があるかを判断基準とし、安全な場合と危険な場合の謀略を決め、親しくするか疎遠にするかの「事」を定めなければなりません。

こうして、それらの材料をよくはかっておき、それから言質を取って相手を矯正すれば、誰であっても自分のもとに招き寄せ、求め、利用することができるのです。

凡そ権を度り能を量るは、遠きを徴《もと》め近きを来たらす所以なり。勢[1]を立て事を制するは、必ず先ず同異を察し[2]、是非の語を別ち、内外の辞を見[3]、有無の数を知り[4]、安危の計を決し、親疎の事を定むるにあり。然る後に乃ち之を権量し、其の隠括[5]する有らば、乃ち徴むべく、乃ち求むべく、乃ち用うべし。

1 **勢……原文同じ。**

個人が持つ精神的な勢い。後文で「気勢」「威勢」などとも。『鬼谷子』において、権力者を動かせるか否かは、言葉の戦いであるとともに心理的・精神的戦いの結果でもある。詳しくは、本経陰符七術参照。

2 **同異を察し……原文「察同異」**。

ここでの「同異」は捭闔篇で見た「開きて之を示すは、其の情に同《どう》じ、闔して之を閉じるは、其の誠に異なるなり」の「同異」であり、相手と本心を同じくしているかどうかの意味。

3 **内外の辞を見……原文「見内外之辭」**。

ここでの「内外」は、内揵篇の「合うを欲する者は内を用い、去るを欲する者は外を用う」などで見られる「内外」であり、相手がこちらの言葉を受け入れているかどうかを指す。

4 **有無の数を知り……原文「知有無之數」**。

ここでの「有無」は、捭闔篇の「有無と其の実虚とを審定して、其の嗜欲に随うを以て其の志意を見る」にある「有無」と見て、相手に「しよう」という欲求・意志があるかどうかという意味で解釈した。

5 **隠括……原文同じ**。

木材をまっすぐに矯正する器具のこと。続く箇所（113ページ）で「対象の観察→飛箝」というプロセスが説かれることを参考に、この「隠括」も観察材料に従って言質を取る飛箝の術の意として解釈した。

凡度權量能、所以徵[※1]遠来近。立勢而制事、必先察同異、別是非之語、見內外之辭、知有無之數、決安危之計、定親疎之事。然後乃權量之、其有隱括、乃可徵[※2]、乃可求、乃可用。

※1底本「征」。諸本に従って「徵」とする。

※2底本「征」。諸本に従って「徵」とする。

――感情をゆさぶり言質を取る

釣ろうとする言葉を引き寄せ、称賛して持ち上げることでそれを公言させ（「飛」）、とらえて言質を取る（「箝」）のです。

言質を釣るための説き方とは、あるいは同調して称賛し、あるいは異論を示して非難するというもの。

それでうまく言質を取れない相手に対しては、その二つを組み合わせて、まず相手を責め、それから称賛して公言させたり、いったん称賛しておいて、非難することで公言させたり、あるいは、称賛することで非難して公言させたり、あるいは、非難することで称賛して公言させたりといった自由自在な変化が大切です。

また、方法としては、財産、貴重品、宝玉、璧や帛《はく》、女色といった心を直に揺り動かすものを引き合いに出すのもいいでしょう。

あるいは、こちらと相手の各要素の程度をはかって、こちらが圧倒的に勝っている状況ならば、その勢いに乗じて言質となる言葉を釣るという方法もあります。

また、相手の様子を注意深くうかがって、心の中にある亀裂（スキ・弱み）を見つけ、それを利用して言質を取る方法もあります。これは「事」を成し遂げるために「抵巇」の術を用いるということです。

鉤箝の辞を引きて[1]、飛して之を箝す[2]。鉤箝の語、其の辞を説くや、乍ら同とし乍ら異とす。其の善くすべからざる者は、或いは先ず之を徴[3]して後に重累[4]し、或いは先ず重し以て累し後に之を毀《そし》り、或いは重累するを以て毀を為し、或いは毀るを以て重累を為す。其の用、或いは財貨、琦瑋、珠玉、璧帛、采色を称して以て之を事とす。或いは能を量りて勢を立て以て之を鉤し、或いは伺候して㵎を見て之を箝す。其の事、抵巇を用う。

1　**鉤箝の辞を引きて……原文「引鉤箝之辭」**。

「鉤」の字はかぎにひっかけて手繰り寄せる意味で、反応篇の「其れ語を釣りて事に合わば、人の実を得るなり（言葉を釣り上げ、それが相手の「事」に合うものならば、その人間の実質をとらえたことになる）」の「鈎」と同じ意味。

2 **飛して之を箝す……原文「飛而箝之」。**

「飛」は相手を称賛して持ち上げ（飛揚させ）、言質とするための言葉をはっきりと公言させること。「箝」はそれを挟んで動けなくすること。ほめて言質を取る方法については、例えば『戦国策』趙策三に例があり、趙国が秦国に攻められた際、希卑という縦横家が趙王にひそかに連横策（秦国との同盟）をたくらむ内通者をあぶりだす方法として次のように説いたという。「群臣を賛して之を訪《と》え。先ず横を言う者は則ち其の人なり（家来たちをほめ上げて対策を問い、真っ先に連横策を言った人間が内通者です）」。

3 **徴……原文同じ。**

ここの「徴」の字の意味が取りにくく、陶注は「徴召（相手を召し出す）」の意とし、許富宏は『全本全注全訳叢書　鬼谷子』で「征《ゆく》」の意味に取って、「いったんその話題から離れる」と訳す。本書では、後文で「或いは重累するを以て毀を為し（或以重累爲毀）」と「或いは毀るを以て重累を為す（或以毀爲重累）」が対になっているのと同じように、「或いは先ず之を徴して後に重累し（或先徴之而後重累）」が直後の「或いは先ず重し以て累し後に之を毀《そし》り（或先重以累而後毀之）」と対になっているものと解釈し、「徴」を「重累（ほめ上げる）」と反対の意味でかつ、「毀（そしる）」と同じラインの「責める」意味で訳しておいた。

4
重累……原文同じ。

ここでの「重累」という語については、許富宏が『鬼谷子集校集注』で指摘する通り、『呂氏春秋』行論篇の引く「將欲毀之、必重累、將欲踣之、必高舉之（之を毀《そし》らんと将欲《ほっ》せば必ず重累し、之を踣《たお》さんと将欲せば之を高く挙ぐ）」という『詩経』の逸詩の一節が参考になる。ここでの「重累」は相手を称賛して持ち上げること。つまり、この節では、飛箝の術の具体例として、賞賛と非難の組み合わせによって相手を揺さぶり言質を取る手法が説かれている。

【補説】

ここでは、相手を感情的にして冷静さを失わせ、言質となる言葉を口にさせるための様々な技術が説かれます。

引鉤箝之辭、飛而箝之。鉤箝之語、其說辭也、乍同乍異。其不可善者、或先徵※之而後重累、或先重以累而後毀之。或以重累爲毀、或以毀爲重累。其用或稱財貨、琦瑋、珠玉、璧帛、采色以事之。或量能立勢以鉤之、或伺候見𡺳而箝之、其事用抵巇。

※底本「征」。諸本に従って「徵」とする。

――「飛箝」のために① 天下を知る

これを天下について使おうとするならば、まず天下の力のバランスとそれぞれの能力をはかり、時の流れの中でタイミングの良し悪しを見る。また、地形の広さ、山や谷の険しさの度合い、人々の財産の状況、各諸侯の交流の中でどこが親しくどこが疎遠であるか、どこが友好的でどこが憎み合っているのかを知り尽くす。そして、諸侯それぞれが心に懐いているものについて、その意志の方向性を審らかにし、その好き嫌いを知る。

それから相手に就き、相手の重視する事柄について説いて見せ、「飛箝」の言葉によって相手の好むことを釣り上げ、これをとらえて言質として取り、相手を動かすことを求めるのです。

之を天下に用いんと将欲《ほっ》せば、必ず権を度り能を量り、天時の盛衰を見、地形の広狭、岨嶮の難易、人民貨財の多少、諸侯の交わり孰れか親、孰れか疏、孰れか愛し、孰れか憎むかを制し、心意の慮懐、其の意を審らかにし、其の好悪する所を知る。[1] 乃ち就きて其の重んずる所を説き、飛箝の辞を以て其の好む所を鉤《つ》り、箝を以て之を求む。

1 **之を天下に用いんと将欲《ほっ》せば～其の好悪する所を知る……原文「将欲用之於天下～知其所好惡」。**

ここでは、どの権力者に就いて飛箝の術で動かすのか、その謀略のための情勢把握が説かれている。揣篇ではこの事前の観察を「量権」と表現する。

将欲用之於天下、必度權量能、見天時之盛衰、制地形之廣狹、岨嶮之難易、人民貨財之多少、諸侯之交孰親孰疏、孰愛孰憎。心意之慮懷、審其意、知其所好惡。乃就說其所重、以飛箝之辭、鉤其所好、以箝求之。

「飛箝」のために② 相手を知る

これを個人について使おうとするならば、相手の知力をはかり、才能と力量をはかり、気の持つ勢いをはかります。そして、これらを言質を取るためのポイントとするのです。

そして、それらを把握した上で、相手の言葉を迎え、言葉に従い、言葉をとらえてこれに調和し、相手の意志を利用して公言させ言質を取る。これが「飛箝」によって相手を自分の謀略の中に繋ぎとめるということです。

これを個人について使えば、手ぶらで行って成果を手に帰ってくるかのように、舌先一つで相手のもとに向かい、相手を自分の謀略に繋ぎとめて、それを失うことがありません。

相手の言葉を見極めることができれば、それをとらえることで縦にも横にも思いのままにでき、東西南北に引きまわし、引きまわして思うままにやりとり（「反覆」）することができる。さらには、仮に事態が危険な状況にひっくり返ってもそれを元に戻すことができ、そんな中でも事前に把握した相手の知力、才能、力量、気の持つ勢いといった基準からも離れることがなくなるのです。

之を人に用うれば則ち智能を量り、材力を権《はか》り、気勢を料り、之が枢機と為す。[1]以て之を迎え之に随い、箝を以て之に和し、意を以て之を宣ぶ。此れ、飛箝の綴《てつ》なり。之を人に用うれば則ち空往して実来し、綴《つづ》りて失わず。以て其の辞を究むれば、箝して従《たて》にすべく、箝して横にすべく、引きて東にすべく、引きて西にすべく、引きて南にすべく、引きて北にすべく、引きて反すべく、引きて覆すべし。覆すと雖も能く復して、其の度を失わず。[2]

1　**之を人に用うれば〜之が枢機と為す……原文「用之於人〜爲之樞機」**。動かそうとする相手の個人としての資質をはかる。揣篇における「揣情」に相当する。「枢機」の「枢」は門を開閉させる際の回転軸、「機」は弩《いしゆみ》の矢を発射するための仕掛けのこと（陶弘景注）。二字合わせて物事を動かすために大切なところの意味。

2　**其の度……原文「其度」**。「度」は物事の基準の意味。具体的には、この節冒頭で「枢機」とされる相手の知力、才能と力量、気の持つ勢いを指すものとして解釈した。

【補説】

ここで補助線を引いて考えてみると、『鬼谷子』が言質を重視するのは、現実を変化（「変」）として見る世界観が関係しているのかもしれません。

つまり、『鬼谷子』にとって、周囲の物事や相手の気持ちは刻一刻と変わっていくものであり、だからこそ「賛同しているだろう」「嫌っているだろう」「そうしたいだろう」といった推測だけで物事を進めていくのは危険。その推測が当たっていないかもしれませんし、またその時点では仮にそうであっても、いずれ変わってしまうかもしれないからです。

だからこそ、言質を取る。言質を取れば、そうした変化が仮にあっても「ああ言いましたよね」という形で、同意した時点、約束した時点、失言した時点に相手をくぎ付けにできるのです。

ちなみに、縦横家の弁舌を記録した『戦国策』には「公、儀の言を以て〝資〟と為して、楚王に反るに如かず（あなたさまは、張儀の言葉を言質として、楚王のもとにお帰りになるにこしたことはありません）」（魏策一）という、今使われる「言質」という言葉と同類の表現がすでに見られます。

用之於人、則量智能、權材力、料氣勢、爲之樞機。以迎之隨之、以箝和之、以意宣之、此飛箝之綴也。用之於人、則空往而實來、綴而不失。以究其辭、可箝而從、可箝而横、可引而東、可引而西、可引而南、可引而北、可引而反、可引而覆。雖覆能復、不失其度。

忤合《ごごう》第六

縦横家の生きた中国戦国時代は、昨日の敵が今日の友であり、今日の強国が明日の弱国であるという、目まぐるしく強弱友敵の入れ替わる不確実性の時代だった。

そうした中で権力者を動かし、自らの謀略を成し遂げるためには、その時々において、誰に就き誰から離れるのかという去就の判断が、極めて深刻に自らの運命を決定する別れ道となったのである。

この忤合篇では、縦横家に求められる、変化する現実の中での正しい去就の方法論、その判断のために必要な基準について論じられる。

——状況に従って自由自在に去就する

すべて去就のためには、それに合った謀略が必要であり、途切れない変化のためには、その時々の状況というものがあります。

そんな中で、みな、「反覆」（やりとり）を通じて求め合い、なすべき「事」に合うかどうかに従って去就を成し遂げようとするのです。

こうした現実を前提として、聖人は天地の間で、身を立て、世を支配し、教えを説き、名声を揚げる。そのために、必ず人同士、物同士の触れ合う際の様子に従い、謀略を実行するのにふさわしいタイミングを見定め、よりふさわしい時、ふさわしくない時を知ったものなのです。

このような考え方のもと、まず周囲の状況を知り、これに従って自由自在に去就しなければなりません。

凡そ趨合倍反、計に適合有り。化転環属、各おの形勢有り。[1]反覆して相い求め、事に因りて制を為す。是《ここ》を以て聖人、天地の間に居りて、身を立て、世を御し、教えを施し、声を揚げ、名を明らかにするや、必ず事物の会に因り、天時の宜しきを観、因りて多とする所、少とする所を知る。[2]此れを以て先ず之を知り、之と転化す。

1　**化転環属、各おの形勢有り……原文「化轉環屬、各有形勢」**。「化転環属」は変化の輪（円）が転がり切れ目がないこと。輪（円）の転がる様は、『鬼谷子』において無限の変化の象徴。

2　**因りて多とする所、少とする所を知る……原文「因知所多所少」**。ここでの「多」と「少」については、陶注に「政教するに宜しき所多なると、宜しき所少なるを謂うなり（世の中を治め教化するのに、ふさわしさの多いところと少ないところをいう）」とあるのに従って解釈した。

凡趨合背反、計有適合。化轉環屬、各有形勢。反覆相求、因事爲制。是以聖人居天地之間、立身、御世、施教、揚聲、明名也、必因事物之會、觀天時之宜、因知所多所少。以此先知之、與之轉化。

――一方に就けば一方に背くことになる

世の中に絶対的に貴いものなどなく、「事」を為すのに絶対的に正しい手本などありません。だからこそ、聖人にとっては、常に関わる相手はなく、常に関わらない相手もいない。常に聞き入れるという言い分もなく、常に聞き入れないという言い分もない。自分の「事」を成し遂げるのに好都合で、自分の謀略に合う相手であれば、これと関わって主君として仰ぐだけの話なのです。

「事」においては、あの相手に合致すれば、この相手からは離れることになります。謀略においては双方に忠実であることはできず、一方に就けば必ず一方に背くことになる。

そうした現実を前提にして、この相手に就くことであの相手に背き、この相手に背くことで、あの相手に就くようにする。これが去就の術というものなのです。

世に常貴無く、事に常師無し。聖人、常に与《あづか》る無く、与らざる無く、聴く所無く、聴かざる所無し。事を成し計謀に合するは、之に与りて主と為す。彼に合して此れに離る。計謀は両忠ならずして、必ず反忤《はんご》[1]有り。此れに反りて彼に忤し、此れに忤して彼に反る。其の術なり。

1　**反忤《はんご》……原文同じ。**
ここでの「反」は単に背く意味ではなく、ある陣営に就いていた人間が「ひるがえって」別の陣営に就くということ。「忤」は背く意味。つまり、前文の「彼に合して此れに離る」を言い換えた表現となっている。

世無常貴、事無常師。聖人無常與、無不與、無所聽、無不聽。成於事而合於計謀、與之爲主。合於彼而離於此。計謀不兩忠、必有反忤。反於此、忤於彼、忤於※此、反於彼。其術也。

※底本「于」。諸本に従って「於」とする。

去就のためにまず情勢を知る

この術を天下に用いる場合は、天下の情勢を量ってから天下と関わるようにし、国に用いる場合は、国の情勢を量ってからその国と関わるようにし、家に用いる場合は、その家の事情を量ってからその家と関わるようにし、これを個人に用いる場合は、相手の才能や能力、気の持つ威勢を量ってからその相手と関わるようにするのです。これは対象の規模の大小、進み出る場合も退く場合も同じ。

まずは謀略の観点から対象について考え、それに対する謀略を具体的に定め、いざ去就する際には、飛箝の術で言質を取りつつ行っていかなければなりません。

之を天下に用うるは、必ず天下を量りて之に与り、之を国に用うるは、必ず国を量りて之に与り、之を家に用うるは、必ず家を量りて之に与り、之を身に用うるは、必ず身の材能気勢を量りて之に与る。大小進退、其の用、一なり。[1]必ず先ず謀慮し計定まりて、後に之を行うに飛箝の術を以てす。

1　**之を天下に用うるは～其の用、一なり……原文「用之於天下～其用一也」**。
これと似た内容が、『老子』にも以下の通り見られる。「身を以て身を観、家を以て家を観、郷を以て郷を観、邦を以て邦を観、天下を以て天下を観る（個人のあり様に従って個人を観察し、家のあり様に従って家を観察し、村のあり様に従って村を観察し、国のあり様に従って国を観察し、天下のあり様に従って天下を観察する）」（第五十四章）。つまり、何か決まりきった物の見方をするのではなく、対象の規模と事情に従って柔軟に対象を見よという教えである。『鬼谷子』の場合、この『老子』の観察眼を「飛箝」と「忤合」の術の前提に据えている。


【補説】

この節の最後では、去就について「飛箝の術」で言質を取りつつ行う旨が記されていますが、その実例の一つが『史記』張儀列伝にあります。

鬼谷先生に学んだ張儀は、秦国において権力者として栄華絶頂を極めましたが、王が代替わりをすると国内に敵対勢力が増え身の危険を感じるようになりました。

そこで彼は、一計を案じ、王に策を進言します。その策とは、魏国に張儀自身を潜り込ませることで、過去のいきさつから張儀を憎む斉国に魏国を攻めさせ、秦国はそのスキに韓国に攻め入って領土や宝物を手に入れるというもの。

張儀は王からこの策を許されて、危険な秦国を去って魏国に入ることに成功します。要は、張儀は秦王からの同意の言質を引き出し、自然な形で秦を去り魏に就いているのです。これが飛箝の術を用いて去就するということです。

ちなみに、その後、実際に斉国は魏国に攻めてきますが、人を斉国に送り、これが張儀の謀略であると自ら暴露して斉国を撤退させます。そんなこともあって、張儀は魏王の信頼を得て宰相となり、そのまま無事に魏で一生を終えたのです。

用之於天下、必量天下而與之、用之于國、必量國而與之、用之於家、必量家而與之、用之於身、必量身材能氣勢而與之。大小進退、其用一也。必先謀慮計定、而後行之以飛箝之術。

――相手を「忤合《ごごう》」の世界に包み込む

古のうまく背きうまく就く者は、天下を一つのものとしてとらえ、各国の諸侯を自分のための「忤合」の世界に包み込んで、その中で立場を変化させつつ立ち回りました。そうしておいて、その後に合致する相手を求めたのです。

伊尹は五たび湯王に就き、五たび桀王に就きました。それでもどちらに就くべきか明らかにならず、やっとその後湯王に就いたわけです。太公望は三たび文王に就き、三たび殷に入りました。それでも、どちらに就くべきか明らかにならず、やっとその後文王に就いたのです。

これが、天命として定められている相手を知るということ。ここまでするからこそ、その相手のもとに落ち着いて揺るがない境地になったのです。


古の善く背向する者は、乃ち四海を協《あわ》せ、諸侯を忤合の地に包みて之に化転し[1]、然る後に合を求む。故に伊尹《いいん》[2]、五たび湯に就き、五たび桀に就くも、明らかにする所有る能わずして、然る後湯に合う。呂尚[3]、三たび文王に就き、三たび殷に入るも、明らかにする所有る能わずして然る後文王に合う。此れ天命の箝を知る。故に之に帰して疑わざるなり。

1 **諸侯を忤合の地に包みて之に化転し……原文「包諸侯忤合之地而化轉之」**。
ここの「忤合之地」（異本には「忤合天地」）をどう読むかについては様々な説があるが、ここでは蕭登福の解釈を参考にした。ちなみに、篇名にもなっている「忤合」という独特の語については、他に『淮南子』にもよく見られる。中でも「聖人は先ず忤《さから》いて後に合い、衆人は先ず合いて後に忤らう」という言葉のある人間訓という篇については、『鬼谷子』同様、縦横家の思想を伝えたものだとする説がある（向井哲夫「従横家思想について――『鬼谷子』を中心に――」）。

2 **伊尹《いいん》……原文同じ。**

殷の湯王を補佐した賢人。「五たび湯に就き、五たび桀に就く」という記事については他に、孟子が斉国において稷下の学士の一員・淳于髡《じゅんうこん》と論争になった際、「五たび湯に就き、五たび桀に就きし者は伊尹なり」と言ったと『孟子』告子章句下にあるが、具体的なエピソードについては不詳。

3 **呂尚……原文同じ。**

周の文王を師として導いた人物で渭水で釣りをしていたところを文王に見いだされた。太公望と号される。太公とも。殷を滅ぼした功績で斉国に封じられる。ここに見られる「三たび文王に就き、三たび殷に入る」というエピソードについては不詳。『鬼谷子』との関連で言うと、この呂尚は、謀略術の元祖ともいえる人物であり、『史記』斉太公世家には、「故に後世の兵及び周の陰権を言うに、皆、太公を宗とし本謀と為す（後世において、軍事と周の謀略について語る者は、皆、太公を祖とし、謀略を始めた人物とする）」とあり、中国最古の図書目録である『漢書』芸文志によれば、かつて彼の謀略術や兵法が書かれた『太公』二百三十七篇。（内訳は）「謀」八十一篇、「言」七十一篇、「兵」八十五篇」という、今は伝わらない書物があったらしい。また、鬼谷先生の弟子とされる蘇秦が揣摩の術を悟るきっかけとなった書物の名前についても、『史記』蘇秦列伝では『周書陰符』となっているが、実は『戦国策』では呂尚が著者と思われる『太公陰符』となっている。そう見てくると、ここで呂尚の名前が言及されることも含めて、『鬼谷子』に書かれた縦横家の謀略術と太公望呂尚の謀略術には何か関連がありそうにも思えてくるが、はっきりとしたことは分からない。

古之善背向者、乃協四海、包諸侯忤合之地而化轉之、然後求合。故伊尹五就湯、五就桀、而不能有所明、然後合於※1湯。呂尚三就文王、三入殷、而不能有所明、然後合於※2文王。此知天命之箝。故歸之不疑也。

※1底本「于」。諸本に従って「於」とする。
※2底本「于」。諸本に従って「於」とする。

――自分を知り、他人を知り、去就する

聖人の域に至り奥義に達した者でなければ、世の中を支配することはできず、心を疲れさせ、思考に苦しまなければ、相手の「事」を見極めることはできません。そして、心を尽くして相手の本心を見なければ、名を成すことはできないのです。

また、自分自身が才能や性格に恵まれなければ、兵を率いることはできないし、ストイックな姿勢がなければ、相手を知ることはできません。

だからこそ、「忤合」の「道」においては、必ず自分の才能、能力、知力をはかり、次に他人との比較から、長所と短所、親しいか疎遠かをはからなければならない。それをはかってはじめて進むも退くも、相手を縦にするも横にするも思いのままとなるのです。

聖に至り奥に達するに非ずんば、世を御する能わず、心を労し思いを苦しむるに非ずんば、事を原《たず》ぬる能わず。心を悉《つく》し情を見ざれば、名を成す能わず。材質、恵まれずんば、兵を用うる能わず、忠実、真無くんば人を知る能わず。故に忤合の道、己必ず自ら材能智睿《えい》を度《はか》り、長短遠近孰れか如かざるを量らば、乃ち以て進むべく、乃ち以て退くべく、乃ち以て縦にすべく、乃ち以て横にすべし。

非至聖達奥、不能御世、非勞心苦思、不能原事。不悉心見情、不能成名。材質不惠、不能用兵、忠實無真、不能知人。故忤合之道、己必自度材能智睿、量長短遠近孰不如。乃可以進、乃可以退、乃可以縦、乃可以横。

第二部

揣《し》篇第七

揣篇と次章の摩篇では、すでに見た言質を取るための「飛箝《ひかん》」の術（飛箝篇）をより発展させた、相手から様々な行動を引き出すための「揣摩《しま》」の術が説かれる。「揣摩」の術は、鬼谷先生の弟子・蘇秦が発明したとも言われる縦横家の代名詞的な技術であり、しばしば縦横家の一人に数えられる虞卿《ぐけい》の著書『虞氏春秋』にも「揣」篇と「摩」篇があったらしいが（『史記』平原君・虞卿列伝）、現在では『虞氏春秋』自体が失われているため、『鬼谷子』との関係もよく分からない。

本章では、まず次章で扱う「摩」の術の前段階として、必要な二つの術「揣情」と「量権」について説かれている。「揣情」とは相手の性格・本心を探ること、「量権」とは周囲の状況、力のバランスを入念に観察することである。

――天下の情勢を把握する「量権」とは？

古のうまく天下を操る者は、必ず天下の力のバランスをはかり（「量権」）、諸侯の本心をおしはかった（「揣情《しじょう》」）ものでした。

「量権」が審らかにならなければ、世の中において誰が強く誰が弱いのか、あるいは何が軽んじられ、何が重んぜられるのかのバランスを知ることができません。また一方で「揣情」が審らかにならなければ、各諸侯が隠している物事、態度や行動の変化を見失うことになるのです。

では、どういったことを「量権」というのか？

それは、大きいか小さいか、多いか少ないかをはかるということなのです。

具体的には、各国の資産を量り、人口がどれくらいなのか、その生活水準がどれくらいなのかをはかる。

地形的な有利と不利、自分と周囲の謀略の長所と短所を判別する。

また、君主と臣下の関係性、誰が賢者で誰が愚者であるのか、それと外から招いた人材の知恵についても誰が優れていて誰がそうでないのかをはかる。

そして、タイミングにおいて、いつが吉でいつが凶か、諸侯の交わりにおいて、どこが利用できどこができないのか、また大衆の心の誰かを慕っては離れるその変化の中で、何をすることが安全で何をすることが危険なのか、何が好まれ何が嫌われるのか、そんな中でどこに身を置けば好都合であるのかを見抜く。
これらの事柄を把握できるようにすること、これを「量権」というのです。

古の善く天下を用うる者は、[1]必ず天下の権を量りて、[2]諸侯の情を揣《はか》る。[3]量権、審らかならざれば強弱軽重の称を知らず。揣情、審らかならざれば隠匿変化の動静を知らず。何をか量権と謂う。曰く、大小を度り、衆寡を謀り、貨財の有無の数を称《はか》り、人民の多少、饒乏、有余幾何《いくばく》なるかを料る。地形の険易、孰《いず》れか利あり孰れか害ある、謀慮孰れか長じ孰れか短なるかを弁じ、君臣の親疎、孰れか賢にして孰れか不肖なると賓客の智慧孰れか少なく、孰れか多きかを揆《はか》り、天時の禍福、孰れか吉にして孰れか凶なる、諸侯の交わり、孰れか用い孰れか用いざる、百姓の心の去就変化、孰れか安にして孰れか危なる、孰れか好み孰れか憎む、反側孰れか便なるか[4]を観る。能く此れを知るは、是れ、量権と謂う。

1　**古の善く天下を用うる者は……原文**「**古之善用天下者**」。
この場合の「用」は、動かす、操る意味。『管子』覇言篇に「夫れ善く国を用うる者は、其の大国の重きに因り、其の勢を以て之を小にす（そもそもうまく国を操る者は、大国が重きをなしている状況であれば、これに従い、その威勢を逆に利用してこれを小さくしてしまう）」という表現がある。

2
必ず天下の権を量りて……原文「必量天下之權」。
『鬼谷子』における「権」という表現が主に天下における力のバランスを意味することが、続く箇所で羅列される「量権」の具体例から分かる。

3
諸侯の情を揣《はか》る……原文「揣諸侯之情」。
「情」は本心の意味。『戦国策』秦策三に見られる秦王の言葉に「今、応候、地を亡《うしな》いて而も憂えずと言う。此れ其の〝情〟なりや（秦の最有力者である応候（范雎）は自分の持つ土地を失っても気に病まないと言っている。これは本心だろうか？）」とあり、臣下の蒙傲《もうごう》は「臣請う、其の〝情〟を得ん（私が本心を確かめてみましょう）」と返している。

4
反側孰れか便なるか……原文「反側孰便」。
「反側」は転々とすること。『荀子』栄辱篇に、けしからぬ人物の生き方として「乱世の間に生を偸《ぬす》み反側す（偷生反側於亂世之間）」という表現があり、『荀子増注』にはこの「反側」の語に「輾転して居住定まらざる貎なり」という注が付せられている。

【補説】
この節ではまず周囲の状況、力のバランスを把握する「量権」のためのチェック項目が説かれます。飛箝篇にも同様の内容がありますが、七項目だったチェック項目がここでは十二項目に拡張しています。
当時の縦横家が王を説得するにあたって、いかに事細かく「量権」していたのか、その実例を『戦国策』で見ることができます。鬼谷先生の弟子と伝えられる蘇秦は、斉の宣王に合縦策（当時の最強国・秦に対抗するために、それ以外の六国が同盟する策）を説く際に、次のような弁舌を振るっています。

「斉は、南方に太山（泰山）、東方に瑯邪《ろうや》（山）、西方に清河（済水）、北方に渤海《ぼっかい》があって、これこそ、世にいう四方要塞で囲まれた国であります。そのうえ、斉の土地は二千里四方、武装した士卒は数十万、兵糧は丘や山のように積まれております。……（中略）しかも、（斉の都の）臨淄《りんし》の中には、七万戸の家があります。臣が、内々、計算いたしますのに、貧民一戸につき三人の男子があるといたしまして、三七《さんしち》二十一万人、遠隔の県から兵を徴発するまでもなく、臨淄の兵卒だけで、もともとすでに二十一万人が確保されているわけです。

また、臨淄の都はすこぶる富裕で且つ充実しております。市民は（笙《しょう》に類する）竽《う》（という笛）を吹き、（二十五絃の）瑟《おおごと》を弾き、（かかえて弾く）筑（という楽器）を掻き鳴らし、（七絃の）琴《こごと》を奏で、鶏を闘わせたり犬を競わせたり、六博《すごろく》をしたり、蹴鞠《けまり》をしたりしないものはありません。臨淄の道路は、車がひしめき合い轂《こしき》がぶつかり合い、人が溢れて肩と肩がすれ合い、襟を連ねると幃《とばり》かと疑われ、袂《たもと》を掲げると幕かと疑われ、汗を飛ばすと、雨かと思われるほどです。どの家も豊かで富んでおり、市民の意気は高く揚がっております」（斉策一・林秀一訳）

このように蘇秦は、事前に斉の国情を詳細に「量権」しておき、その中のプラス要素を選んで並べ立てることで「秦おそるるに足らず」の感を宣王に与えて心を動かし（摩篇の言い方をすれば「内符」を「摩」して反応させ）、合縦同盟に引き入れようとするのです。結果として、この斉を含めた五カ国への説得はすべて成功し合縦同盟が成立するのですが、蘇秦はすべての王に対する説得で、これと同じ「詳細な量権↓プラス要素の列挙」という方法を取っています。ちなみに、その後、今度は同じ鬼谷先生の弟子・張儀が秦のために、各国の王に相手国の状況のマイナス要素を詳細に列挙して恐れさせ、次々と同盟から離脱させ合縦策を破ることになります。つまり、「詳細な量権↓マイナス要素の列挙」という逆の方法を用いたのです。

古之善用天下者、必量天下之権而揣諸侯之情。量権不審、不知強弱輕重之稱、揣情不審、不知隱匿變化之動靜。何謂量權。曰、度於※1大小、謀於衆寡、稱貨財有無之數、料人民多少、饒乏有餘不足幾何。辨地形之險易孰利孰害、謀慮孰長孰短、揆君臣之親疏孰賢孰不肖、與賓客之智慧孰少孰多、觀天時之禍福孰吉孰凶、諸侯之交孰用孰不用、百姓之心去就變化孰安孰危孰好孰憎、反側孰便※2。能知此者、是謂量權。

※1底本「于」。諸本に従って「於」に改める。
※2底本「辯」。道藏本に従って「便」に改める。

相手の内心を把握する「揣情」とは？

「揣情」するには、相手が甚だしく喜んでいるとき、そこで言葉をかけて何を欲しているのかを見極めるのです。何かを欲する気持ちを抱いたとき、人は本心を隠すことはできないのだから。

相手が甚だしく恐れているとき、そこで言葉をかけて何を憎んでいるのかを見極めるのです。何かを憎む気持ちを抱いたとき、人は本心を隠すことはできないのだから。

人の本心や欲望は、必ず様子の変化として出てしまうものなのです。

そして、もし心が動いてもその変化をとらえられないような相手ならば、しばらくその人については置いておき、言葉を交わさないようにする。そうしておいて、徐々に相手の親しんでいるものを探り、何によって心が安らかになるのかを探るのです。

そもそも本心が内に変化すれば、それが姿形として外に現れるものなのです。だからこそ必ず外に現れたものによって、そこに隠れたものを知るようにする。これが「相手の奥深くを探って「揣情」する」という言い方のされるゆえんなのです。

揣情する者は、必ず其の甚だ喜ぶの時を以て、往して其の欲するところを極むるなり。[1] 其の欲するところ有るや、其の情を隠す能わず。必ず其の甚だ懼るる時を以て、往して其の悪《にく》むところを極むるなり。其の悪むところ有るや、其の情を隠す能わず。情欲必ず其の変に出づ。感動するも其の変を知らざる者は、乃ち且《しばら》く其の人を錯《お》きて与に語る勿れ、[2]而《しこう》して更に其の親しむ所を問い、其の安んずる所を知る。[3]夫れ情、内に変ずる者は、形、外に見《あらわ》る。故に常に必ず其の見《あらわ》るる者を以てして、その隠るる者を知る。此れ、深きを測り揣情すると謂う所以なり。

1　**往して其の欲するところを極むるなり……原文「往而極其欲也」**。
ここでの「往」は、反応篇の「己、反往すれば、彼、覆来す」の語を手掛かりに、「反往」、つまり相手への働きかけ、言葉をかける意味で解釈した。

2　**乃ち且《しばら》く其の人を錯《お》きて与に語る勿れ……原文「乃且錯其人勿與語」**。
「錯」は置いておく意味。『荀子』天論篇「故に人を錯きて天を思わば、則ち万物の情を失う（人のことを捨て置いて天のことばかり思う者は、万物の本来の姿を見失う）」とある。

3　**而《しこう》して更に其の親しむ所を問い、其の安んずる所を知る……原文「而更問其所親、知其所安」**。
相手の心の意志力が何によって支えられているのかを探るということ。『鬼谷子』において「所安（安んずる所）」、つまり「何で心が安らかになるのか」は、人間の意志力の源泉を探る際の重要な要素。本経陰符七術では自分の意志力を養うための教えとして、「志気を養うは、其の安んずる所を察し、以て其の能くする所を知るにあり（自分の気と意志力を養うには、自分の心が何をしているときに安らかであるのかを観察し、何をすることが可能なのかを知らなければならない)」とある。

【補説】

この節では、飛箝篇においては「智能を量り、材力を権《はか》り、気勢を料り、之が枢機と為す」とだけ説かれていた相手の内心の把握法について、より詳しく具体的な方法論が説かれています。

揣情者、必以其甚喜之時、往而極其欲也。其有欲也、不能隠其情。必以其甚懼之時、往而極其悪也。其有悪也、不能隠其情。情欲必出其變。感動而不知其變者、乃且錯其人勿與語。而更問其所親、知其所安。夫情變於內者、形見於外。故常必以其見者而知其隠者。此所以謂測深揣情。

——謀略の根本、説得の原則

国家レベルの物事についてはかりごとをする者は、天下の力のバランスについて「量権」しなければならず、君主を説得する者は、相手の本心を審らかに「揣情」しなければなりません。謀略や欲望は、人の本心から出てくるのです。これを把握できれば、相手を貴くするのも賎しくするのも、重んじられるようにするのも軽んじられるようにするのも、利すのも害すのも、成功させることも失敗させることもできる。

そのための原則は「揣情」ということ、ただ一つなのです。

仮に古の偉大な王たちのような「道」、聖人智者のような謀略があったとしても、そこに「揣情」がなければ、隠れた物事を引き出して知ることはできません。

これこそが謀略の根本であり、説得の原則なのです。

故に国事を計る者は、則ち当《まさ》に審らかに権量すべく、人主に説くは、則ち当に審らかに揣情すべし。謀慮、情欲、必ず此に出づ。乃ち貴くすべく、乃ち賤しくすべく、乃ち重くすべく、乃ち軽くすべく、乃ち利すべく、乃ち害すべく、乃ち成さしむべく、乃ち敗るべくも、其の数、一なり。故に先王の道、聖智の謀有りと雖も、揣情非ずんば、隠匿、之を索むべく無し。此れ、謀の大本にして、説の法なり。

故計國事者、則當審權量、說人主、則當審揣情。謀慮情欲必出於此。乃可貴、乃可賤、乃可重、乃可輕、乃可利、乃可害、乃可成、乃可敗、其數一也。故雖有先王之道、聖智之謀、非揣情、隱匿無可索之。此謀之大本也、而說之法也。

——世界は利害の世界である

誰の内面にも必ず「事」（なすべきこと・なそうとしていること）はありますが、相手の「事」に先手を打つことのできる人間はそうはいません。相手の内面にある「事」を把握して先手を打って生きる、これが最も難しいのです。だからこそ、「（相手の内面を探る）「揣情」の教えこそが最も守りがたい」とも言われるのです。

これは、人が何か謀略を考えるにも、その時々で配慮すべき形勢があるということでもあります。

例えば、虫の飛び方、這い方を見ても、それぞれの虫の利害というものが必ずあり、それに従っていかに飛ぶか這うかという「事」を生み出していることが分かります。つまり、自然において、このように整然と「事」が生じてくるのも、そうしたかすかに見える利害の形勢があるからなのです。

これこそが、まず相手の本心を「揣情」し、それにあった言葉を「飾言」し、整った文言に仕上げてからこれを相手に論じるという一連の手順の前提となる物の見方です。

常に事の人に有るも、人能く先んずる莫し。事に先んじて生く、此れ最も為し難し。故に曰く、揣情、最も守司し難しと。言うこころは、必ず謀慮に時有り。故に蜎《けん》飛《び》蠕動《ぜんどう》[1]を観るに、利害有らざる無く、以て事を生ずべし。美《よ》く事を生ずるは幾の勢あればなり。[2] 此れ、揣情し、飾言し、文章を成して後に之を論ずるなり。[3]

1 **蜎飛《けんぴ》蠕動《ぜんどう》……原文同じ。**
「蜎飛」は虫の飛ぶ様、「蠕動」は虫が這いまわる様。

2 **幾の勢……原文**「**幾之勢**」。
幾は幾微。かすかな気配の意味。

3 **此れ、揣情し、飾言し、文章を成して後に之を論ずるなり……原文**「**此揣情飾言成文章、而後論之也**」。
ここでは「揣情→飾言」という、人を動かす言葉を作るための手順が説かれている。「飾言」とは、自分の話の説得力を増すため、「量権」で得たデータや他人の言い分、古典などにあるエピソードについて、自分に有利な部分を強調し、不利な部分を目立たなくしつつ引用すること。詳しくは「権」篇において説かれる。

【補説】

この節では『鬼谷子』の一種の世界観が説かれています。それは、人間社会を含めた現実に起こるあらゆる事態は、各自の利害とそれによって生まれる「事」（なそうとしていること）から引き起こされるという世界観です。謀篇（177ページ）では、この利害によって人同士がどう関係し、どう動くようになるのかがより具体的に説かれます。

常有事於※人、人莫能先。先事而生、此最難為。故曰、揣情最難守司。言必時有謀慮、故観蜎飛蠕動、無不有利害、可以生事。美生事者、幾之勢也。此揣情飾言成文章、而後論之也。

※底本「于」。諸本に従って「於」とする。

摩篇第八

本章で説かれるのは、前章で見た「揣情」と「量権」を前提に、そこで探りとった感情的反応のツボである「内符」を刺激して相手を動かす「摩」の術についてである。特に相手の「類」に合わせた術を用いることが重要であるとされる。

「内符」を刺激すれば人は動く

「摩」とは「揣情」による術です。

「内符」とは「揣情」の段階ではかっておくべき主たる対象です。

「摩」の術を用いるには従うべき「道」があります。それは必ずひそかに用いるということ。

ひそかに相手を「摩」して動かすには、相手の欲するものを利用するのです。相手をはかって探れば、「内符」は必ず反応し、反応すれば必ず相手は動くのです。そうしておいて、ひそかに相手から去る。これが、いわゆる「スキを塞ぎ、気づかれるきっかけを隠し、姿を隠し、本心を逃す」ということなのです。

こうあってこそ人に知られず、だからこそ「事」を成し遂げることができ、かつその後の憂いも無くなるのです。

「摩」して動かすのはこちら、「内符」が応じるのは向こう。こうした仕組みに従って、これを用いれば、取り組む「事」に実現できないものはないのです。

摩[1]は揣の術なり。内符[2]は揣の主なり。之を用うるに道有りて、其の道、必ず隠なり。微かに之を摩するに其の欲する所を以てす。測りて之を探らば、内符必ず応ず。其の応ずる所あるや、必ず之を為す有り。故に微にして之を去る。是れ、窌《りょう》を塞ぎ、端を匿《かく》し、貌を隠し、情を逃すと謂い、而《しこう》して人知らず、故に能く其の事を成して患い無し。之を摩するは此れに在れども、符の応ずるは彼に在り。従《よ》りて之を用うれば、事、可ならざる無し。

1 **摩……原文同じ。**

「摩」の意味については、『史記会注考証』が蘇秦列伝の注として引く中井積徳の次の説が参考になる。「摩は揣度《したく》の後に在りて、手を以て之を摩弄するが如きなり。既に能く彼の人の情懐に暁通して、我の言以て之を動揺上下し、以て吾が嚢中に導入せしむるなり。或いは之を揚げ、或いは之を抑うれば、皆激発有り。即ち所謂摩なり（「摩」とは「揣」によって相手の内心をはかった後に、手でさすってもてあそぶような様を言うのである。いったん相手の心の内を知り抜いたら、自分の言葉で相手を上下に揺さぶって、自分の術中に入れてしまう。あるいは持ち上げ、あるいは抑え込めば、相手は思わず激して動いてしまう。これこそが「摩」というものである）」。

2 **内符……原文同じ。**

心の内にある割符。その人間特有の言葉に対する反応パターン。それにぴったりと合う言葉（「摩」）さえ与えれば、その人間はこちらの自由に動くというのが『鬼谷子』の理論である。

摩者、揣之術也。内符者、揣之主也。用之有道、其道必隠。微摩之、以其所欲。測而探之、内符必應。其所應也、必有爲之。故微而去之。是謂塞窌、匿端、隱貌、逃情、而人不知、故能成其事而無患。摩之在此、符應在彼。從而用之、事無不可。

――「摩」は人知れず成し遂げる術

古の「摩」の術によってうまく民衆を治めた聖人は、あたかも釣り針を駆使して深淵に臨み、餌をつけて投げ入れれば、必ず魚を手に入れる釣り人のようなあり様でした。

だからこそ、「〔事〕」（政治）をつかさどって日々成し遂げても人は知らず、戦争をつかさどって日々勝っても人は恐れを抱かない」と言われたのです。聖人はこうしたことを人知れぬ「陰」の中で謀略するからこそ、「神秘的」（〔神〕）と言われ、これを「陽」の場で達成するから、「明らか」（〔明〕）と言われるのです。

「事」（政治）をつかさどって日々成し遂げる者は、力押しではなく、ただ状況に対して変化し続ける（〔徳〕を積む）だけ。そして、民衆は、それを自然な「道」と考えて安住し、なぜ自分たちが利益を享受しているのかも知らず、目の前で善いことが繰り返されるだけという状態となるのです。つまり、民衆はこれを当たり前として、なぜそうなるかは知らないということになる。だからこそ、天下はこのような聖人のあり様を「神秘的、かつ明らか」（〔神明〕）と表現するのです。
一方で、戦争をつかさどって日々勝つ者は、常に争わず、費やさずに戦う。そうなれば民衆は自らが服従した理由が分からず、恐れる理由も見当たらない。だからこそ、天下は聖人のことを「神秘的、かつ明らか」（「神明」）と表現するのです。

古の善く摩する者は鉤を操りて深遠に臨み、餌して之を投ずれば、必ず魚を得るが如し。[1]故に曰く、事を主《つかさど》り日々成して人知らず、兵を主り日々勝ちて人畏れざるなり。聖人、之を陰に謀る、故に曰く、神。之を陽に成す、故に曰く、明。[2]所謂、事を主りて日々成す者は、徳を積むなり。而《しこう》して民之に安んじ、其の利たる所以を知らず、善を積むなり。而して民之を道として、其の然る所以を知らず。而して天下之を神明に比す。兵を主りて日々勝つ者、常に不争不費に戦う。[3]而して民服する所以を知らず、畏るる所以を知らず。而して天下之を神明に比す。

1 **鉤を操りて深遠に臨み、餌して之を投ずれば、必ず魚を得るが如し……原文「如操鉤而臨深淵、餌而投之、必得魚焉」**。
ここでの釣りのイメージは飛箝篇の「鉤箝の辞（相手を釣ってとらえるための言葉）」という表現と共通する。飛箝篇において「釣る」対象は相手の言葉・言質に限られていたが、この摩篇では相手の行動全般に拡大している。

2　**聖人、之を陰に謀る、故に曰く、神。之を陽に成す、故に曰く、明**……原文「**聖人謀之於陰、故曰神。成之於陽、故曰明**」。ここでは「神明」という一つの言葉を「神」と「明」に分けて説き明かす形になっている。「神明」の語は先秦諸家において様々な意味で用いられてきたが、おおよそにおいて現実をつかさどる「道」のすぐれた働きを指し、ここでもそのイメージで解釈した。

3　**兵を主りて日々勝つ者、常に不争不費に戦う**……原文「**主兵日勝者、常戰於不争不費**」。熊憲光『縦横家研究』によれば、戦争による解決を下策とする思想は当時の縦横家に共通するものであった。そのことは、縦横家の弁論を記録した『戦国策』に見られる弁論の内容や付せられた評語からうかがい知ることができる。これと同様の考え方は、『老子』において「武器とは不吉な道具である（兵は不祥の器なり）」（第三十一章）といった形ですでに見られ、また兵書『孫子』においても、国力を消耗させる直接の衝突を下策とする思想が謀攻篇などに見られる。

古之善摩者、如操鉤而臨深淵、餌而投之、必得魚焉。故曰主事日成而人不知、主兵日勝而人不畏也。聖人謀之於[※1]陰、故曰神。成之於[※2]陽、故曰明。所謂主事日成者、積徳也。而民安之、不知其所以利、積善也。而[※3]民道之、不知其所以然。而天下比之神明也。主兵日勝者、常戰於不争不費、而民不知所以服、不知所以畏、而天下比之神明。
※1底本「于」。諸本に従って改める。
※2底本「于」。諸本に従って改める。
※3「而」底本なし。諸本に従って補う。

「摩」の十術

「摩」には、「平」による術、「正」による術、「喜」による術、「怒」による術、「名」による術、「行」による術、「廉」による術、「信」による術、「利」による術、「卑」による術があります。

「平」による術とは、静かに平然とした姿勢を用いること。

「正」による術とは、タイミングにかなった正論を話すこと。

「喜」による術とは、相手を喜ばせること。

「怒」による術とは、相手を怒らせていてもたってもいられないようにすること。

「名」による術とは、名声を外に広めたいと思わせること。

「行」による術とは、実行して既成事実を作ること。

「廉」による術とは、潔癖な清い姿勢を見せること。

「信」による術とは、信頼感と期待感を持たせること。

「利」による術とは、相手の欲求を煽ること。

「卑」による術とは、下手に出て諂《へつら》うこと。

聖人のみが用いるこれらの方法論は、実は誰もが知っているものです。それでありながら、それが成功に結び付かないのは、正しい使い方を知らないのです。


其れ摩は、平を以てする有り、正を以てする有り、喜を以てする有り、怒を以てする有り、名を以てする有り、行を以てする有り、廉を以てする有り、信を以てする有り、利を以てする有り、卑を以てする有り。平は静なり。[1]正は宜なり。喜は悦なり。怒は動なり。[2]名は発なり。行は成なり。廉は潔なり。信は期なり。利は求なり。卑は諂なり。故に聖人の独り用うる所以の者は、衆人皆之有り。然るに功を成す無きは、其れ用の非なり。

1 **平は静なり……原文「平者、靜也」**。
「平」という概念は、権篇においても「「平言」するものは、決然とした調子を見せることで自分を勇敢な人物であると見せようとしている（平言は、決して勇を干む）」という形で登場する。

2 **喜は悦なり。怒は動なり……原文「喜者、悦也。怒者、動也」**。
「喜」と「怒」は権篇で説かれる説得に利用すべき人間の五つの心の乱れのうちの二つであ

る。

其摩者、有以平、有以正、有以喜、有以怒、有以名、有以行、有以廉、有以信、有以利、有以卑。平者、靜也。正者、宜也。喜者、悅也。怒者、動也。名者、發也。行者、成也。廉者、潔也。信者、期也。利者、求也。卑者、諂也。故聖人所以獨用者、衆人皆有之。然無成功者、其用之非也。

時々の状況に従って術を選ぶ

そして、謀略を実行するにおいては、周知するべき相手に周知し秘密にすべき相手に秘密にすることより難しいことはなく、説得においては、一言一句聞き入れさせるより難しいことはなく、「事」は必ず成し遂げることより難しいことはありません。この三つは、聖人であって初めて可能なことなのです。

謀略において完全な周知と秘密を求めるのならば、必ず通じ合う相手を選んで説得する。こうした様を、「結びついてスキがない」と言うのです。

そもそも「事」が達成されるときは、必ず「道」（現実の法則）に従った術のあり方に合致しているもの。だからこそ「「道」に従った術は、その時々の状況にぴったり対応する」と言うのです。

故に謀は周密[1]より難きは莫く、説くは悉聴《しっちょう》より難きは莫く、事は必成より難きは莫し。此の三者は、唯、聖人にして然る後に能く之を任ず。故に謀、必ず周密ならんと欲すれば、必ず其の与に通ずる所の者を択《えら》びて説くなり。故に曰く、或いは結びて隙無きなり[2]。夫れ事の成るは必ず数[3]に合う。故に曰く道数は時と相い偶するなり。

1 **周密……原文同じ。**

「周密」の重要性については、捭闔篇で説かれている。

2 **結びて隙無きなり……原文「結而無隙也」**。

ここでの「結」とは相手との関係性、こちらの謀略に閉じ込めるための「内揵」を結ぶこと。内揵篇で説かれたように、「内揵」を結ぶには相手の内心と合致が必須であり、だからこそ直前の文で「必ず其の与に通ずる所の者を択びて説くなり」と言われるのである。

3 **数……原文同じ。**

許富宏注に従って技術の意味で解釈した。

【補説】

前節最後に「成功に結び付かないのは、正しい使い方を知らない（功を成す無きは、其れ用の非なり)」とあり、ここから「摩」の術の正しい使い方について説かれます。

故謀莫難於周密、説莫難於悉聴、事莫難於必成。此三者、唯聖人然後能任之。故謀必欲周密、必擇其所與通者説也。故曰或結而無隙也。夫事成必合於數、故曰道數與時相偶者也。

――相手の「類」に応じて「摩」する

説得が聞き入れられるには、相手の本心に合致していなければなりません。だからこそ、「本心に合致するものは聞き入れられる」と言われるのです。

万物は結局、「類」(タイプ)ということに行きつきます。

薪を抱えて火に向かえば、燃えやすい薪から燃え、平らな地面に水を注げば濡れやすい所から濡れるのです。これは万物において同じ「類」はお互いに反応するということ。現実の中の形勢もまた、譬えて言えば、火と薪、水と濡れやすい所のような同じ「類」のものの反応で成り立っているのです。

これは心の「内符」が相手の外からの「摩」に反応するあり様についても同様です。だからこそ言うのです。「相手を「摩」して動かすのに「類」を用いれば、反応しない者があろうか。

そして、相手を「摩」して動かすのに相手の欲するところを用いれば、聴きいれない者があろうか」と。

だからこそ、この「摩」の術について誰にも邪魔をできない「独り行く道」とも言うのです。付け加えれば、そもそも、タイミングを逃さず、成功して拘らず、しかもその成功が久しく維持されて、はじめて正しい変化が成し遂げられたことになるのです。

説く者の聴かるるは、必ず情に合う。故に曰く、情、合う者は聴かる。故に物は類に帰し、薪を抱きて火に趨《おもむ》けば、燥者先ず燃え、平地に水を注げば、湿者先ず濡《うるお》う[1]。此れ、物類の相応にして、勢に於いて譬うれば猶《な》お是くのごときなり。此れ内符の外摩に応ずるや是くの如きを言うなり。故に曰く、之を摩するに其の類を以てすれば、焉《いずく》んぞ相い応ぜざる者有らんや。乃ち之を摩するに其の欲を以てすれば、焉んぞ聴かざる者有らんや。故に曰く、独行の道と。夫れ幾は晩からず、成して拘らず、久しくして化成る。

1 **薪を抱きて火に趨《おもむ》けば、燥者先ず燃え、平地に水を注げば、湿者先ず濡《うるお》う……原文「抱薪趨火、燥者先燃。平地注水、濕者先濡」。**
『荀子』大略篇に、臣下や友人を選ぶ際の基準として、同じ「類」の人間であることを説き、そこに「薪を均しくして火を施せば、火は燥に就き、平地に水を注げば、水は湿に流る。

夫れ〝類〟の相い従う、此くの如く之《これ》著しきなり」という同様の表現が見られる。「類」は『荀子』においても繰り返し説かれるキーワードとなっている。荀子が鬼谷先生と同じく稷下の学士だったことを考えると、『鬼谷子』に見られる物事を「類」で把握し、それに従って対処する発想は、稷下で行われた議論に由来するのかもしれない。

【補説】

この節で明らかなように、「摩」の術の正しい使い方とは、要は相手の「類」に従って、それにあった「類」の術を用いるということです。149ページにおいて挙げられた「摩」の術の十「類」も相手の「類」に合わせて用いられなければならないのです。

説者聽必合於情、故曰情合者聽。故物歸類、抱薪趨火、燥者先燃、平地注水、濕者先濡。此物類相應、於勢譬猶是也。此言內符之應外摩也如是。故曰摩之以其類、焉有不相應者。乃摩之以其欲、焉有不聽者。故曰、獨行之道。夫幾者不晚、成而不拘、久而化成。

権篇第九

権篇、次に続く謀篇では、説得と謀略にまつわる各トピックについて、より詳細に内容が展開される。細切れかつ端的な構成は、縦横家の書き残した複数の覚え書きをまとめて一章に仕立てた雰囲気がある。

まず権篇では、説得という行為、言葉で人を動かすという行為にまつわる様々な側面について詳細な分析が試みられている。

――説得に必要な五つの要素

「説」（説得して相手を動かす）とは、常に特定の相手を説得すること。特定の相手を説得するには、その相手を助ける姿勢と内容を見せる必要があります。

「飾言」（言葉を飾る）とは、説得力を益すために別のものをかりて語ること。別のものをかりて語る際には、かりたもののある点を誇張したり、目立たなくする必要があります。

「応対」（相手に応じる）のためには、言葉を鋭くすること。言葉を鋭くするには、相手の言い分に対して端的に素早く応じる必要があります。

「成義」（説得の筋道を成り立たせる）のためには、それを明白にすること。筋道を明白にするには、証拠に基づく必要があります。

また、言葉をやりとり（「反覆」）する中では、お互いの言い分を退けようとする場面もあります。

「難言」（相手の言葉を非難する）とは、そんな場面で相手の言い分を退けること。相手の言い分を退けるには、反論のタイミングをとらえる必要があります。

説くは、之に説くなり。之に説くは之を資《たす》くるなり。[1] 飾言は、之を仮るなり。之を仮るは益損なり。[2] 応対は、辞を利《するど》くするなり。辞を利くするは、論を軽くするなり。[3] 成義は、之を明らかにするなり。之を明らかにするは、符験するなり。[4]言、或いは反覆し、相却くを欲するなり。難言は、論を却くなり。論を却くは幾を釣るなり。

1 **之に説くは之を資《たす》くるなり**……**原文**「**説之者、資之也**」。

「資」は助ける意味（許富宏注）。『戦国策』や『史記』に収められた当時の遊説家の説得の辞に「臣竊為大王（臣、竊《ひそ》かに大王の為に・わたくしめ、ひそかに大王さまのために考えますに）」などの表現が頻出するのを見ると、いかに「相手のため」という体裁で説くかに腐心していたことがうかがえる。

2 **飾言は、之を仮るなり。之を仮るは益損なり**……**原文**「**飾言者、假之也。假之者、益損也**」。

「飾言」とは、自分の言い分の説得力を増すために、「量権」で得たデータや他人の言い分、古典などにあるエピソードについて、自分に有利な部分を強調し、不利な部分を目立たなくしつつ引用すること。内揵篇に「先ず詩書を取り、説を混《まじ》えて損益し」とあるのが参考になる。引用の手法は先秦諸家の各古典にも見られるものであり、『鬼谷子』自体にも「だからこういわれるのだ（故に曰く）」などといった引用表現が数多く見られる。

3 **応対は、辞を利《するど》くするなり。辞を利くするは、論を軽くするなり**……**原文**「**應對者、利辭也。利辭者、輕論也**」。

ここでの「軽」は軽快の意味。端的に素早く応じること。この「軽論」の応対については

4

『史記』廉頗《れんぱ》・藺相如《りんしょうじょ》列伝に見られる次の例を見るとイメージが摑みやすいかもしれない。趙と秦との戦の講和の席。秦王が趙王に「寡人、竊《ひそ》かに聞けり、趙王、音を好むと。請う瑟を奏せよ（趙王どのは音楽好きと聞いている。瑟（琴の一種）を弾いてみてくれませんか）」と言って琴を弾かせたあと、秦の記録係を呼び寄せて「秦王は趙王に琴を弾かせた」と記録させ優位を示そうとした。すると趙王に同行していた藺相如は即座に「趙王、竊かに聞けり、秦王、善く秦声を為すと。請う、盆缻《ぼんふ》を秦王に奉じ、相娯楽せん（趙王は、秦王さまは秦の歌がお上手と聞いております。盆缻（酒を入れる小さな瓶）を差し上げますからそれを叩きながら歌って、お互いの楽しみとしてください）」と応じ、秦王がしぶると「五歩の内、相如請う、頸血を以て大王に濺《そそ》ぐを得ん（王様と私は五歩と離れていません。刺し違えて私の首から流れる血を大王にそそぎかけてみせましょうか）」と脅し、大王にしぶしぶ盆缻を叩かせると記録係に「秦王は趙王のために盆缻を叩いた」と記録させた。そこで秦の臣下たちが「請う、趙の十五城を以て秦王の寿を為せ（趙の都市を十五、秦王の長寿を祈る贈り物として差し出していただきたい）」と口々に言えば、藺相如は「請う、秦の咸陽を以て趙王の寿を為せ（秦の都・咸陽を趙王の長寿を祈る贈り物として差し出していただきたい）」と返した。この丁々発止の「軽論」こそ戦乱期の交渉に求められるものだったのである。

成義は、之を明らかにするなり。之を明らかにするは、符験するなり……原文「成義者、

明之也。明之者、符驗也」。

「義」は話の筋道を指す。「符驗」は証拠・裏付け。『荀子』性悪篇に「凡《およ》そ論なる者は、其の弁合有り、符験有るを貴ぶ（すべて議論では、事実と合致すること、証拠があることが重視される）」とある。


【補説】

この節では実際の説得の場面で必要な心得が説かれます。


説者、說之也。說之者、資之也。飾言者、假之也。假之者、益損也。應對者、利辭也。利辭者、輕論也。成義者、明之也。明之者、符驗也。言或反覆、欲相卻也。難言者、卻論也。卻論者、釣幾也。

――相手の話し方から魂胆を見抜く

「佞言《ねい》」する（おもねる言葉を言う）人間は、諂《へつら》うことで自分を忠実であると見せようとしている。

「諛言《ゆ》」する（とりいる言葉を言う）人間は、博識さを感じさせる言葉で自分を智者であると見せようとしている。

「平言」する（平然と言う）人間は、決然とした調子を見せることで自分を勇敢な人物であると見せようとしている。

「戚言」する（心配した様子で話す）人間は、相手のためにはかりごとをしてみせることで、自分を信頼できる人物であると見せようとしている。

「静言」する（静かにしている）人間は、相手の言い分をよく聞くことで、反論して言い負かそうとしている。

　そのからくりを言えば、「佞言」する者は、相手の意志の方向性に先んじて欲するところを迎えることで諂い、「諛言」する者は、言葉数を多くし表現で飾ることで博識さを感じさせている。また、「平言」する者は、ほうり捨てて迷わないことで決然とした調子を見せ、「戚言」する者は、適切な謀略を選んで進めることではかりごとをして見せ、「静言」する者は、相手の足りない部分に先回りし逃げ道を塞いで非難することで反論するのです。

　佞言する者は、諂《へつら》いて忠なるを干む。諛言する者は博くして智を干む。平言する者は、決して勇を干む。戚言[1]する者は権りて信を干む。静言[2]する者は反して勝つを干む。意に先んじて欲を承くるは、諂うなり。繁称し辞を文《かざ》るは博きなり。[3]縱舍《しょうしゃ》して疑わざるは、決するなり。[4]策選し謀を進むるは権るなり。分の足らざるに先んじて以て窒非するは、反するなり。

1 **戚言……原文同じ。**

心配した様子で話す意。『戦国策』を見ると、当時の遊説家の説得には「ひそかに我が君のためにこれを危ないと思っていました（竊《ひそ》かに君の為に之を危ぶむ）」「ひそかに大王様の為にこれを心配していました（大王の為に之を患《うれ》う）」のような論法が頻出するが、これこそ「戚言」の例であろう。

2 **静言……原文同じ。**

静かにしている意。反応篇の「相手が言うのは動。それに対して、自分が黙るのは静。ただ相手の言うところに従って、言葉を聞くのです（人の言うは動なり。己、黙するは静なり。其の言うところに因りて、其の辞を聴く）」という一節を参考に解釈した。

3 **繁称し辞を文《かざ》るは博きなり……原文「繁稱文辭者、博也」。**

前節の「飾言」と同じものを指す。つまり、説得力を益すために様々な格言、古典などにあるエピソード、他人の発言を引いて言葉を飾る行為であるために、「博（博識）」の概念とつながる。

4 **縦舎《しょうしゃ》して疑わざるは、決するなり……原文「縱舍不疑者、決也」。**

「縦舎」という言葉の意味が取りにくいが、ここでは『荘子』胠篋《きょきょう》篇中の逆説的表現に「聖人を掊撃《ほうげき》し、盗賊を縦舎す」とあり、「聖人を打ちのめして、盗賊を解放する」といった意味で解釈されているのでそれを参考に解釈した。ただし、『呂氏春秋』決勝篇には「先後、遠近、縱舎の数を知りて、勇なれば則ち能く決断す」とある。陳奇猷が『呂氏春秋校釈』で指摘するように、ここでは「縱舎」の語が「先後」「遠近」という対表現の中に並んでおり、これも対表現かもしれない。だとすれば、ここでの訳は「従うか（縦）、捨てておくか（舎）に迷わないのが決然ということである」などとなる。

【補説】

この節では、相手の話し方の五つのタイプとそこに隠された意図とメカニズムについて説かれます。

佞言者、諂而干忠。諛言者、博而干智。平言者、決而干勇。戚言者、權而干信。靜言者、反而干勝。先意承欲者、諂也。繁稱文辭者、博也。縱舍不疑者、決也。策選進謀者、權也。先分不足以窒非者、反也。

——口と耳と目を調和させる

口は身体の器官であり、心の中の本心や意志を開いて出し、閉じて止めるもの。また、耳と目は心の働きを助けるものであり、相手の邪念を見抜くもの。

言葉のやりとりにおいて、この口と耳と目の三つが調和してよく応じ合う形になれば、現実を動かす「道」の原理の中で有利に動くことができるのです。つまり、言葉数が多くなっても乱れず、内容が飛び回っても迷わず、言い分が移り変わっても危うくなることがなくなる。そうなるには口と耳と目の調和によって、話の要点を見抜き、そこにある道理を押さえなければなりません。

また、目の無い者には色彩によって示すことはできず、耳の無い者に音によって告げることはできません。つまり、かけた言葉（「往」）がよく通じる耳目の持ち主でなければ、こちらも口の開きようがなく、言葉が伝わってくる（「来」）ような口の持ち主でなければ、耳目で受け取りようがないのです。だからこそ、口での働きかけ、耳目での受け取りがうまくいかない相手については、聖人はとりくむべき「事」とはしなかったのです。

古の言葉に「口とは食べるためのものであり、言うためのものではない」というものがありますが、言葉には本質的に危険で避けるべき要素が含まれている。

また「口が多くなれば、金属をも溶かす」とも言われますが、やりとりされる言葉にはどこか事実をねじ曲げるところがあるのです（だからこそ、それを話す口と受け取る耳と目の調和には気を配らなければなりません）。

故に口は機関にして、情意を関閉する所以なり。耳目は、心の佐助にして、姦邪を窺覸《きかん》する所以なり。[1] 故に曰く、参、調《ととの》いて応ずれば、道に利ありて動く。[2] 故に繁言して乱れず、翺翔《こうしょう》して迷わず、変易して危うからざるは、要を睹《み》て理を得ればなり。故に目無き者は示すに五色を以てすべからず、耳無き者は告ぐるに五音を以てすべからず。故に往を以てすべからざる者は、之を開く所無きなり、来を以てすべからざる者は、之を受くる所無きなり。物通ぜざる者有らば、聖人故に事とせざるなり。古人に言有りて曰く、口は以て食すべく、以て言うべからず。言は諱忌有るなり。衆口、金を爍かすとは、言に曲故有ればなり。[3]

1　**耳目は、心の佐助にして、姦邪を窺覵《きかん》する所以なり……原文「耳目者、心之佐助也、所以窺覵見姦邪」**。

「窺覵」は窺い見る意味（許富宏注）。感覚器官と心の関係については、本経陰符七術の冒頭でも説かれる。

2　**道に利ありて動く……原文「利道而動」**。

陶注に従い、「道」において有利な形で動く意に解釈した。

3　**衆口、金を爍かすとは、言に曲故有ればなり……原文「衆口爍金、言有曲故也」**。

「衆口爍金」は当時の有名な格言らしく、『戦国策』魏策一でも、張儀が対立する合縦策を説く遊説家を非難する際に引用している。「曲故」は元の話（「故」）を捻じ「曲」げること。『淮南子』修務訓中にも見られ、高誘注に「巧詐なり」とあるのを参考に解釈した。

【補説】

この説では、言葉を話す口、それを受け取る耳と目という三つの器官の調和の重要性について説かれます。注目すべきは、言葉を受け取る器官として耳だけでなく、目も挙げられていること。『鬼谷子』においては、「話を聞く」とは単に内容を聞くだけでなく、話している相手の視覚的な情報を感じ取ることまでをも含んだ全身感覚的な行為であることが分かります。これが、反応篇あるいは本経陰符七術で説かれる「反聴」（心で聞く）という行為なのです。

故口者、機關也、所以關閉情意也。耳目者、心之佐助也、所以窺覵姦邪。故曰、參調而應、利道而動。故繁言而不亂、翱翔而不迷、變易而不危者、睹要得理。故無目者、不可示以五色、無耳者、不可告以五音。故不可以往者、無所開之也、不可以來者、無所受之也。物有不通者、聖人故不事也。古人有言曰、口可以食、不可以言。言者、有諱忌也。衆口爍金、言有曲故也。

――智者の苦手なところより、愚か者の巧みなところを

人の本心について言えば、言葉を口から出せば聞き入れられたいと思い、「事」に取り組めば自分の手で達成したいと思うものです。

しかし、智者はそんな思いにこだわらず、自分の苦手なところを用いるよりは、愚か者の得意なところを用い、自分のつたないところを用いるよりは、愚か者の巧みなところを用いる。だからこそ、苦しむことがないのです。

相手が利益のあることを言うのであれば、そのよい点に従って利用し、相手が害のあることを言っていれば、それを悪いものとして避けるようにする。殻や甲羅を持つ生き物の強さとは、常にその堅さ厚さによって強いのであり、毒虫の動き方は、常に毒を持っていることに従った動きなのです。

つまり、動物ですら長所を用いることを知っているのであり、当然人を説得する者もまた長所の用い方を知って用いなければなりません。

人の情、言を出せば則ち聴かるるを欲し、事を挙ぐれば則ち成すを欲す。[1]是の故に、智者は其の短なる所を用いず、愚人の長ずる所を用い、其の拙なる所を用いずして、愚人の工《たくみ》なる所を用う、故に困《くるし》まざるなり。其の利有るを言う者は、其の長ずる所に従い、其の害有るを言う者は、其の短ずる所を避くるなり。故に介蟲《かいちゅう》の悍《つよ》きや必ず堅厚を以てし、螫蟲《せきちゅう》の動くや必ず毒《どく》螫《せき》を以てす。故に禽獣は其の長ずるところを用うるを知る、而して談者も亦、其の用を知りて用うるなり。

1　人の情、言を出せば則ち聴かるるを欲し、事を挙ぐれば則ち成すを欲す……原文「人之情、出言則欲聴、舉事則欲成」。

この解釈は高田哲太郎『校訂鬼谷子三巻訳稿』を参考にした。

【補説】

この節では、人や物事、言葉などを用いる際の、それぞれの長所、有利な点、好都合な部分に注目して用いることの重要性を説いています。

人之情、出言則欲聽、舉事則欲成。是故智者不用其所短、而用愚人之所長、不用其所拙、而用愚人之所工、故不困也。言其有利者、從其所長也、言其有害者、避其所短也。故介蟲之捍也、必以堅厚、螫蟲之動也、必以毒螫。故禽獸知用其長、而談者亦知其用而用也。

――心の乱れは言葉にどのように現れるか

言葉には、五つのものがあります。「病《へい》」から出てくる言葉、「恐」から出てくる言葉、「憂」から出てくる言葉、「怒」から出てくる言葉、「喜」から出てくる言葉です。

「病」の状態にある者は、気が衰えて「神」による判断力を失ったような話し方をする。
「恐」の状態にある者は、恐れおののいて右往左往したような話し方をする。
「憂」の状態にある者は、一人ふさぎ込んで周りに本心を言わない。
「怒」の状態にある者は、むやみに動こうとしてそれがおさまらないような様子になる。
「喜」の状態にある者は、やたらと放言するが要点がはっきりしない。

この五つの状態にある相手については、そうなった事情が詳しく分かればこれを利用し、メリットがあればこうした相手への謀略を実行するのです。

故に曰く、辞言五有り、曰く病《へい》、曰く恐、曰く憂、曰く怒、曰く喜。病なる者は、衰気を感じて神ならざるなり。恐るる者は、腸絶たれて主なきなり。憂うる者は、閉塞して泄《も》らさざるなり。怒る者は、妄動して治まらざるなり。喜ぶ者は宣散して、要無きなり。此の五者、精なれば則ち之を用い、利あらば則ち之に行う。

【補説】

この節では、「病」「恐」「憂」「怒」「喜」という、説得の上で利用すべき五種類の心の乱れがどのように言葉の上に現れるか、一種の心理学的分析がなされています。

故曰、辭言有五、曰病、曰恐、曰憂、曰怒、曰喜。病者、感衰氣而不神也。恐者、腸絶而無主也。憂者、閉塞而不泄也、怒者、妄動而不治也、喜者、宣散而無要也。此五者、精則用之、利則行之。

智者との話し方、愚者との話し方

智者と話す場合は博識に話し、博識な者と話す場合は弁舌巧みに話し、弁舌巧みな者と話すときは要点をつくように話す。

身分の高い者と話すときは相手の持つ威勢を前提とし、富裕なものと話すときは高級なものを前提とし、貧しい者と話すときは利益を前提とし、賤しい者と話すときは人にへりくだることを前提とし、勇者と話すには勇敢であることを前提とし、愚者と話すときは端的で簡単な話を前提とする。

このように相手に合わせた「類」の言葉を用いるのが術というものなのです。にも拘わらず人はいつもこれに反したことをしてしまう。

同様に、智者と話す場合は、相手が智者であることに従って自分の言い分を明らかにしなければならず、智者でない者と話す場合は、智者でないことに従って相手を教え導かなければならないのですが、これもまた非常に難しい。

使い分けるべき言葉にもまた様々な「類」が多くあり、「事」を成し遂げるにおいても、対応すべき状況の変化が多くあるからです。

一日中言っても使うべき言葉の「類」を見失わず、なすべき「事」も乱れない。このように右往左往しなければ、肝心な部分を見失うこともありません。要は頭の中がでたらめにならないことが大事なのです。

そして、聴くのはしっかり聴きとることが大事であり、頭の中ははっきりしていることが大事であり、言葉はすぐれて例外的であること（「奇」）が大事なのです。


故に智者と言うは博に依り、博者と言うは弁に依り、弁者と言うは要に依る。貴者と言うは勢に依り、富者と言うは高に依り、貧者と言うは利に依り、賤者と言うは謙に依り、勇者と言うは敢に依り、愚者と言うは鋭に依る。此れ、其の術なり。而《しこう》して人は常に之に反す。是の故に、智者と言う者は、将に此《ここ》を以て之に明らかにせんとし、不智者と言う者は、将に此を以て之に教えんとす。而して甚だ為し難きなり。故に言に類多く、事に変多し。故に終日言いて、其の類を失わずして事乱れず、終日変わらずして其の主を失わず。[1] 故に智は不妄を貴ぶ。聴くは聡を貴び、智は明を貴び、辞は奇を貴ぶ。[2]

1　**事乱れず、終日変わらずして其の主を失わず……原文「事不亂、終日不變而不失其主」**。
変化を重視する『鬼谷子』において「終日変わらずして其の主を失わず」と「不変」の語

がポジティブな意味に扱われるのを不自然としてか、兪樾《ゆえつ》は『鬼谷子平議』において「不」の字を衍字《えん》として除いている。しかし、ここでは陶注が「乱れず故に変わらず（不乱故不変）」と「不変」を前提に注していること、また『鬼谷子』においても本経陰符七術「意志力を充実させるには騰蛇のように」に「真一を守りて化せず（「一」の教えを守って変わろうとせず）」と、精神の状態としては確固として「不変」であることが貴ばれていることを見てそのままとした。ちなみに、『鬼谷子』本経陰符七術と内容的な共通点を持つ『管子』心術上篇にも、理想的な精神状態として「天の道は虚、地の道は静。虚なれば則ち屈《つ》きず、静なれば変わらず。変わらざれば過ち無し」と精神的「不変」を貴ぶ記述がある。

2

聴くは聡を貴び、智は明を貴び、辞は奇を貴ぶ……原文「聴貴聰、智貴明、辭貴奇」。符言篇「主明」に「目は明を貴び、耳は聡を貴び、心は智を貴ぶ（目貴明、耳貴聰、心貴智）」という似た言葉がある。「辞」について言われる「奇」という語は、『鬼谷子』の術のキーワードの一つであり、謀篇にも「正は奇に如かず、奇とは流れて止まらざる者なり」とある。

【補説】

この節では、相手の「類」に合わせた論法の具体例を説きます。

故與智者言、依於博、與博者言、依於辯、與辯者言、依於要。與貴者言、依於勢、與富者言、依於高※、與貧者言、依於利、與賤者言、依於謙、與勇者言、依於敢、與愚者言、依於銳。此其術也。而人常反之。是故與智者言、將以此明之、與不智者言、將以此教之。而甚難爲也。故言多類、事多變。故終日言、不失其類而事不亂、終日不變而不失其主。故智貴不妄。聽貴聰、智貴明、辭貴奇。

※底本「于」。諸本には「於」。

謀篇第十

謀篇では、謀略を生むためのプロセス、利害による人間関係の分析、動かす対象のタイプ（「類」）の分類、対象を動かす際のポイントなど、ここまで見てきた『鬼谷子』の謀略にまつわる様々なトピックについて、改めて詳細に論じられている。

また、『鬼谷子』思想の根幹である「陰」の優位という考え方も、この章ではっきり表明されている。

最上の策、次善の策、最低限の策

およそ謀略を立てるにあたっては従うべき「道」があります。まずは、必ず相手の従っている状況を把握し、相手の本心を求める。そして相手の本心を審らかに把握したら、それに応じた三つの策を立てるのです。

その三つとは、最上の策、次善の策、最低限の策。この三つがそろえば、状況に従って自由に変化すること（「奇」）が可能になります。

この変化は誰も封じ込めることができないほどのものですが、それを生み出すためには、古から従ってきたところから始めることです。

昔、鄭《てい》の地の人が山に宝玉を探しに行く際には、必ず方角の分かる指南車を準備し、それに乗って迷わないようにしたものでした。相手の才能を量り、能力を量り、「揣情」することもまた、「事」を成し遂げるにあたって、指南車を準備するようなものなのです。

凡そ謀に道有り、必ず其の因る所を得、以て其の情を求む。審らかに其の情を得て、乃ち三儀を立つ。三儀とは、曰く上、曰く中、曰く下。[1]参、以て立て、以て奇を生ず。[2]奇は其の壅ぐ所を知らず、古の従う所に始む。故に鄭人の玉を取るや、司南の車に載り、其の不惑を為す。[3]夫れ材を度り能を量り、揣情する者も亦《ま》た、事の司南なり。

1　**三儀とは、曰く上、曰く中、曰く下……原文「三儀者、曰上、曰中、曰下」。**

ここでの「上」「中」「下」は最上の策、次善の策、最低限の策の意味。『戦国策』魏策二において、ある説客が魏王に対して秦に取るべき策について、「太上は秦を伐ち、其の次は秦を賓し、其の次は約を堅くして詳《いつわ》り講じ、与国相讎《あだ》とする無きなり（最上の策は秦を伐つこと、その次は秦を排斥すること、その次は他の国との同盟を固くし、秦と偽りの講和をしておいて同盟国の同士討ちを避けること）」と言い、また「国を患《うれ》いより免れしむる者は、必ず三節を窮めて其の上を行う。上、不可ならば則ち中を行い、中、不可ならば則ち其の下を行い……（あなたのお国を難局から救う人物は、必ず上中下の三つの策を見極め、その上策を行うのです。それが不可能であれば中策を行い、それが不可能であれば下策を行い……）」と弁舌を展開しているが、これなどは、ここでいう上中下の三策をそろえる「三儀」の実例である。

2　**以て奇を生ず……原文「以生奇」。**

謀篇に「奇とは流れて止まらざる者なり」とあるように「奇」とは自由に変化する姿勢を指す。ここでの意味は、上中下、三つの策を用意しておけば状況に従って、策を使い分け自由に変化できるということ。

3　**故に鄭人の玉を取るや、司南の車に載り、其の不惑を為す……原文「故鄭人之取玉也、載**

司南之車、爲其不惑也」。

鄭人のエピソードについては不詳だが「司南之車」は、南の方角を指す装置の付いた馬車である「指南車」のこと。古の聖王である黄帝が怪物・蚩尤と涿鹿《たくろく》の野で戦った際、蚩尤《しゆう》の作り出した霧の中で戦うためにこれを用いたなど、いくつかの伝承に登場する。


凡謀有道、必得其所因、以求其情。審得其情、乃立三儀。三儀者、曰上、曰中、曰下。參以立焉、以生奇。奇不知其所壅、始※於古之所從。故鄭人之取玉也、載司南之車、爲其不惑也。夫度材量能、揣情者、亦事之司南也。

※底本「于」。諸本に従って改める。

——親疎と利害が関係性を作る

内心で同じものを求めてお互いに親しくしている両者は、ともに「事」を成す状態にある。

同じものを求めながらお互いに疎んじあっている両者は、一方が一方を害する状態にある。

同じものを嫌ってお互いに親しくしている両者は、ともにそれを害する状態にある。

同じものを嫌いながらお互いを疎んじあっている両者は、一方だけでそれを害する状態にある。

そして、お互いが利益を与える関係は自然と親しくなり、お互いが損害を与える関係は自然と疎んじ合うようになる。

天下の形勢にはそうした親疎と利害の原則が実際に作用しているのであって、それが人と人、自分と相手が思いを同じくしているかどうか、そのあり方を察する根拠となるのです。

塀は隙間から壊れ、木は節から折れます。人間同士にとっての親疎と利害も、それと同じようなものかもしれません。


故に情を同じくして[1]相い親しむ者は、其の倶に成す者なり、欲を同じくして相い疏んずる者は、其の偏えに害する者なり。悪《お》を同じくして相い親しむ者は、其の倶に害する者なり、悪を同じくして相い疏んずる者は、偏えに害する者なり。故に相い益すれば則ち親しみ、相い損すれば則ち疏んず。[2]其の数、行なわるるや、此れ、異同の分を察する所以なり。故に墻《かき》は其の隙に壊れ、木は其の節に毀《こぼ》たる、斯れ蓋し其の分なり。

1 **情を同じくして……原文「同情」**。『鬼谷子』の中の「情」は本心、内心の意味だが、ここでは行文上、特に「欲」を指すものとして解釈した。

2 **相い益すれば則ち親しみ、相い損すれば則ち疏んず……原文「相益則親、相損則疏」**。

『戦国策』中山策には「欲を同じくする者は相い憎み、憂いを同じくする者は相い親しむ」という、この節で説かれる教えに似た当時の格言らしきものが引かれている。

【補説】

揣篇に「美《よ》く事を生ずるは幾の勢あればなり（整然と「事」が生じてくるのも、そうしたかすかに見える利害の形勢があるからなのです）」とありますが、この節では、その「幾の勢」によって、どのような人間同士、国同士の関係が生み出されるのか、そのメカニズムを解説しています。

故同情而相親者、其俱成者也。同欲而相疏者、其偏害者也。同悪而相親者、其俱害者也。同悪而相疏者、偏害者也。故相益則親、相損則疏。其數行也、此所以察異同之分也。故墻壞於其隙、木毀於其節、斯蓋其分也。

――人を動かすための正しい手順

状況の変化（「変」）がなすべきこと（「事」）を生む。
なすべきこと（「事」）が謀略を考える行為（「謀」）を生む。
謀略について考える行為（「謀」）は謀略（「計」）を生む。

謀略（「計」）は説得の内容（「議」）を生む。
説得の内容（「議」）は説得という行為（「説」）を生む。
説得という行為（「説」）は相手の前に進み出る行為（「進」）を生む。
相手の前に進み出る行為（「進」）は相手から去る行為（「退」）を生む。
相手から去る（「退」）に至って、はじめて自分の「事」を成し遂げたことになる。

あらゆる「事」に共通するのはこの一つの「道」であり、何を推しはかるにもこの一つの原則によらなければなりません。

故に変は事を生じ[1]、事は謀を生じ、謀は計を生じ[2]、計は議を生じ[3]、議は説を生じ、説は進を生じ、進は退を生じ、退は制を生ず。因りて以て事を制す、故に百事は一道にして、百度は一数なり。

1　**変は事を生じ……原文**「**變生事**」。以下、権力者を説得し、自分のなすべき「事」を成し遂げるためのステップがまとめられており、まず第一としてその時々の状況の変化への観察がおかれている。この、あらゆる謀略の出発点に「変」への観察を置く発想は、世界の本質を変化と見、謀略の本質を変化の結果あらわれる時々の状況への対処と見る『鬼谷子』ならではの特徴である。『易』繋辞上伝に「変に通ずる之を事と謂う」という似た表現がある。

2　**謀は計を生じ……原文「謀生計」**。

ここでの「謀」は、忤合篇に「謀慮し、計定まりて（謀略について考え、謀略を定め）」とあるのを参照して、謀略そのものというより、謀略について考える行為の意として解釈した。

3　**計は議を生じ……原文「計生議」**。

このステップの具体的な内容をイメージするにあたっては、揣篇の「揣情し、飾言し、文章を成して後に之を論ずるなり（まず相手の本心を「揣情」し、それに合った言葉を「飾言」し、整った文言に仕上げてからこれを相手に論じる）」という一節、権篇の「成義は、之を明らかにするなり。之を明らかにするは、符験するなり（「成義」（説得の筋道を成り立たせる）のためには、これを明白にすること。筋道を明白にするには、証拠に基づく必要があります）」という一節が参考になる。

【補説】

この節は『鬼谷子』の理論と術を考える上で屈指の重要な箇所です。

ここでは、言葉で人を動かすための各要素が因果関係に従って順番に列挙されていますが、これはそのまま『鬼谷子』の術において、「事」を成し遂げるために踏むべき手順が次のようなものであることをも示しているからです。

つまり、まず周囲の状況の変化を見て（「変」）、なすべきことを決定し（「事」）、そのための謀略について考えて（「謀」）、誰をどう動かすのかの謀略を定める（「計」）。次に、その謀略に従って相手を動かすための具体的な文言を作ったら（「議」）、実際に相手の前に進み出て（「進」）、説得を実行する（「説」）。そして、相手を動かしたらすぐに去る（「退」）。『鬼谷子』における「事」は、こうしたプロセスで完遂されるものなのです。

故變生事、事生謀、謀生計、計生議、議生説、説生進、進生退、退生制。因以制於事、故百事一道而百度一數也。

――「類」によって利用できる面は違う

仁を持った人間は財貨を軽んずるため、利益によって誘うことはできないが、出費を求めることができる。

勇ましい人間は困難を軽んずるため、困難を引き合いに恐れさせることはできないが、危険な場に立たせることができる。

智者は現実の法則を見抜き、道理をはっきりと認識しているので、本心ならざる事柄で欺く

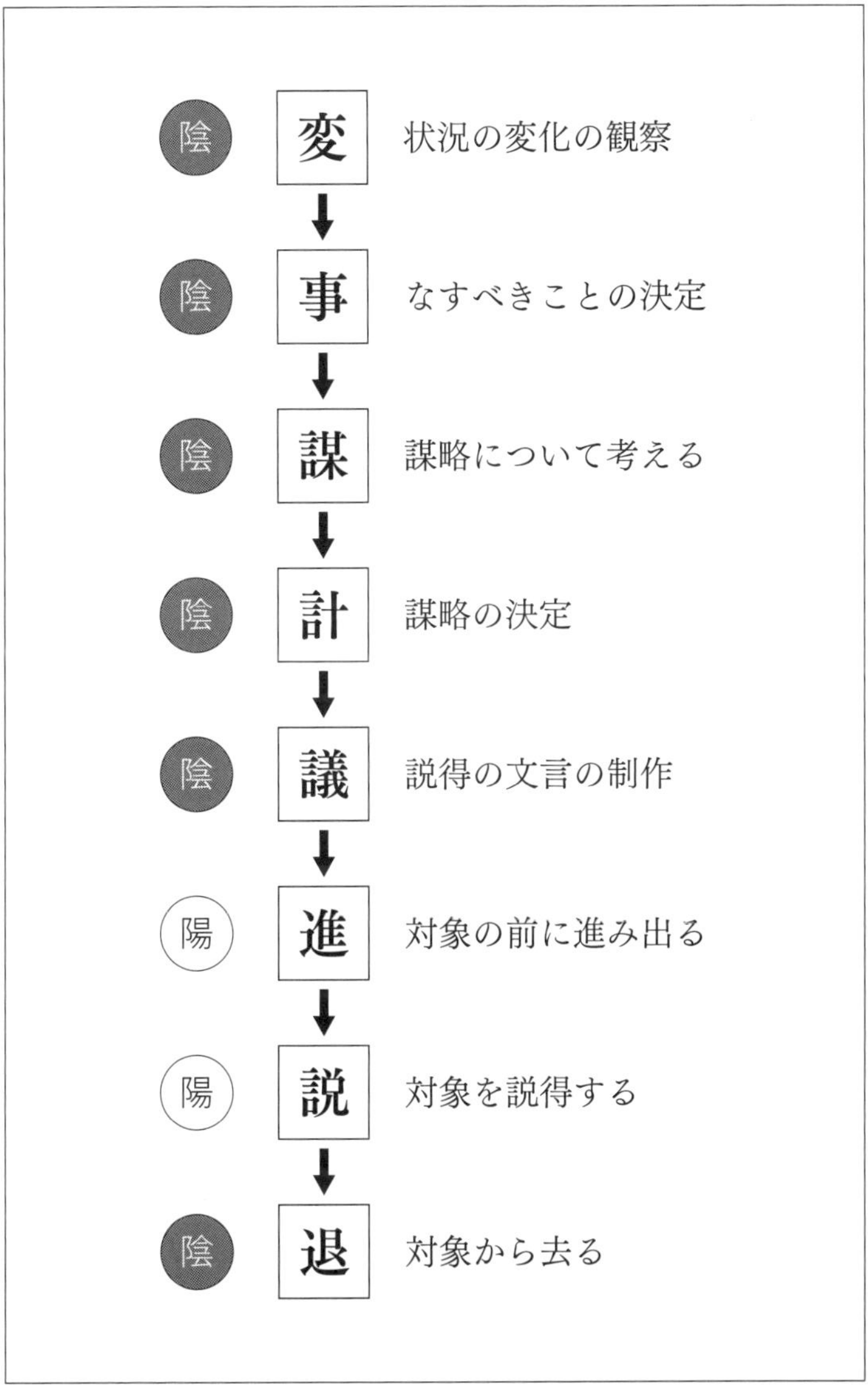
陰 変 状況の変化の観察
陰 事 なすべきことの決定
陰 謀 謀略について考える
陰 計 謀略の決定
陰 議 説得の文言の制作
陽 進 対象の前に進み出る
陽 説 対象を説得する
陰 退 対象から去る

ことはできないが、道理に従って話を伝え、功績を挙げさせることはできる。

　これが仁、勇、智という三つ一組の人間の「類」（タイプ）です。

　そして、逆に言えば、愚者はだましやすく、臆病者は恐れさせやすく、貪欲なものは誘いやすいということでもあります。

　これが成し遂げたい「事」に応じて、利用できる面とそうでない面を判断するということです。強く振る舞う者は別の面で弱さを蓄積し、まっすぐに振る舞おうとする者は別の面で曲がったところを蓄積し、あまりあるほど持つ者は別の面で不足を蓄積している。

　こうした発想で、「道」に従った術を実行していくのです。


夫れ仁人は貨を軽んずれば、誘うに利を以てすべからざるも、費を出さしむべし。勇士は難を軽んずれば、懼れしむるに患を以てすべからざるも、危に拠らしむべし。智者は数に達し、理に明るければ、不誠[1]を以て欺くべからざるも、道理を以て示すべく、功を立てしむべし、是れ三才なり。故に愚者は蔽われ易きなり、不肖者は懼れ易きなり、貪者は誘われ易きなり。是れ事に因りて之を裁く。故に強を為す者は弱を積むなり、直を為す者は曲を積むなり、余り有る者は不足を積むなり。此れ、其の道術の行なり。

1　**不誠……原文同じ。**

「誠」は本心、心からのこと。捭闔篇の訳注（47ページ）を参照。「不誠」はその逆と解釈した。

【補説】

この節では、どんな「類」の人間であっても、必ず謀略のために利用できる要素を裏表で持っているという教えを説きます。

夫仁人輕貨、不可誘以利、可使出費。勇士輕難、不可懼以患、可使據危。智者達於[※1]數、明於理、不可欺以不誠、可示以道理、可使立功、是三才也。故愚者易蔽也、不肖者易懼也、貪者易誘也。是因事而裁之。故爲強者、積於[※2]弱也、爲直者、積於曲也、有餘者、積於不足也。此其道術行也。

※1底本「于」。諸本に従って改める。

※2底本「于」。諸本に従って改める。

――相手の心を変える方法と態度を変える方法

表向きの態度（「外」）には親しんでいるように見せているが、内心（「内」）では疎んじている相手には内心（「内」）を変えるべく言葉をかけ、内心（「内」）では親しんでいるのに表向きの態度（「外」）では疎んじている相手には、表向きの態度（「外」）を変えるべく言葉をかける。内心（「内」）をこちらに親しく変えるには、相手の迷いを確信に変える、相手の見解を肯定する、相手の言うことをまとめてみせる、相手の勢いに従ってそれを形にする、相手の嫌うものに応じて謀略を立てる、相手の心配していることを取り除いてみせる、といった方法があります。

表向きの態度（「外」）をこちらに親しく変えるには、「摩」の術によっていったん恐れさせ、そこから持ち上げて動かす、さりげなく確証を与え、証拠に基づいて応じさせる、抱え込むようにして相手の目と耳を塞いで情報を遮断し、そこから混乱させて惑わせる、といった方法があります。

こうした方法を「計謀」（謀略）と言うのです。

故に外に親しみ内に疏ぜらるる者は、内を説き、内に親しみ外に疏んぜらるる者は、外を説くなり。故に其の疑に因りて以て之を変じ、其の見るところに因りて之を然りとし、其の説くところに因りて之を要し、其の勢に因りて以て之を成し、其の悪《お》に因りて以て之を権《はか》り、其の患に因りて以て之を斥く。[1] 摩して之を恐れしめ、高くして之を動かしむ。[2] 微にして之を証し、符して之に応ぜしむ。擁して之を塞ぎ、乱して之を惑わしむ。[3] 是れを計謀と謂う。

1 **故に其の疑に因りて以て之を変じ〜其の患に因りて以て之を斥く……原文「故因其疑以變之〜因其患以斥之」。**

前文を受けて、この箇所は「内（内心）」を変えるための方法を説いているものと解釈した。

2 **摩して之を恐れしめ、高くして之を動かしむ……原文「摩而恐之、高而動之」。**

飛箝篇に見られる「重累」（ほめて持ち上げる）と「毀」（そしる）を組み合わせて相手を動かす「飛箝」の術と同様の内容が、ここでは「摩」の術として説かれている。

3 **摩して之を恐れしめ〜乱して之を惑わしむ……原文「摩而恐之〜亂而惑之」。**

この箇所は前の箇所で「内」への説得方法が述べられたのに続いて、「外（態度）」を変えるための方法が説かれていると考えた。また「摩而恐之、高而動之」「微而證之、符而應之」「擁而塞之、亂而惑之」と二句でひとかたまりとして解釈した。

【補説】

この節では、相手の内心と表向きの態度を「内」と「外」と定義し、「内」を変える方法と「外」を変える方法をそれぞれ説く。相手と関係性を結び、自分の謀略に閉じ込める内揵篇の教えを、より具体的なテクニックとして説いている雰囲気がある。

故外親而內疏者、說內、內親而外疏者、說外。故因其疑以變之、因其見以然之、因其說以要之、因其勢以成之、因其惡以權之、因其患以斥之。摩而恐之、高而動之、微而證之、符而應之、擁而塞之、亂而惑之。是謂計謀。

――「正」は「奇」にかなわない

謀略に用いるには、誰にでも当てはまる公的な論理（「公」）は、相手にしか当てはまらない私的な論理（「私」）にかなわず、相手にしか当てはまらない私的な論理は、個人的に結びつく関係性（「結」）にはかなわない。その結びつきとは全く隙間なく結びつくまでになっていなければなりません。

また、「正」（決まったスタンダード）は「奇」（例外）にはかなわないもの。「奇」とは流れるような姿勢で決まりきった形に止まらないということです。

そして、君主を説得する者は、必ず相手に合わせて変化する「奇」の姿勢で語り、臣下を説得する者は、必ず相手のための私的なことを語らなければならない。

注意すべきは、身内の立場でありながら、話す内容がよそ者のようであると疎んじられ、よそ者の立場でありながら、深く身内に食い込んだような話をする者は危険にさらされるということ。

また、相手の求めていないことを相手に強制してはならず、相手の知らないことをこちらが教える形になってはいけません。人は好むことがあれば学んでこれに従い、嫌うことがあれば避けてはばかるようになるものなのです。
これらの教えに従ってこそ、ひそかな方法論（「陰道」）でしっかりと相手に取り入る（「陽取」）ことが可能になるのです。逆に相手から去ろうとする者は、いったん相手に従わなければなりません。相手に従う者こそが、相手の隙に乗じて安全に去ることができるのです。

計謀の用、公は私に如かず、私は結に如かず、[1]結は而《すなわ》ち隙無き者なり。正は奇に如かず、[2]奇とは流れて止まらざる者なり。故に人主に説く者は、必ず之と奇を言う、人臣に説く者は、必ず之と私を言う。其の身、内にして、其の言、外なる者は疏んぜらる。其の身、外にして、其の言、深き者は危うし。人の欲せざる所を以て之を人に強うる無かれ、人の知らざる所を以て之を人に教うる無かれ[3]。人の好む有るや、学びて之に順い、人の悪《にく》む有るや、避けて之を諱《い》む。故に陰道にして之を陽取す。故に之を去らんとする者は、之に従《したが》い、之に従う者は、之に乗ず。

1 **計謀の用、公は私に如かず、私は結に如かず……原文**「**計謀之用、公不如私、私不如結**」。
ここでベストに挙げられる「結（個人的な結びつき）」とは内揵篇で説かれる「内揵」のこととして解釈した。

2 **正は奇に如かず……原文**「**正不如奇**」。
この篇の冒頭では、相手を動かす謀略において、すぐれて例外的な「奇」の効果を発揮するための方法として、相手の本心を把握し、それに応じて、最上、次善、最低限の三つの策を立てることが説かれている。

3 **人の欲せざる所を以て之を人に強うる無かれ、人の知らざる所を以て之を人に教うる無かれ……原文「無以人之所不欲而強之於人、無以人之所不知而教之於人」。**

ここで『鬼谷子』の言うことは、『老子』が説いた、反発を避けるために強制力を用いずに人を制する「無為」、あるいはその言語版である「不言之教」という発想と共通する。

【補説】

この節では、相手に取り入り（「取」）、あるいは去る（「去」）ために把握しておくべき、公的な論理（「公」）、私的な論理（「私」）、個人的な結びつき（「結」）という三つの要素と、自由自在に変化する「奇」の姿勢について説かれます。

計謀之用、公不如私、私不如結、結而無隙者也。正不如奇、奇流而不止者也。故説人主者、必與之言奇、説人臣者、必與之言私。其身內、其言外者疏。其身外、其言深者危。無以人之所不欲而強之於人、無以人之所不知而教之於人。人之有好也、學而順之、人之有惡也、避而諱之。故陰道而陽取之也。故去之者從之、從之者乘之。

――聖人の「道」は陰

人の見た目からは内面の善さも悪さも分かりません。相手の本心を見極めるには、むしろ見た目は当てにならないという考え方によらなければならないのです。

本心を知ることができる相手は利用すべきですが、知ることのできない相手は謀略に利用してはなりません。

だからこそ言うのです。「「事」に取り組むにあたっては、相手を制するのがよく、相手に制せられるのが悪い。相手を制するとは、相手を把握すること。人に把握され制せられれば、運命を制せられたも同然なのだ」と。

聖人の「道」は陰（自分を隠すこと）であり、愚か者の「道」は陽（自分を明らかにすること）なのです。

智者は易しいことに取り組み、そうでない者は難しいことに取り組む。

ここから見れば、端から亡びる成り行きのものを生き残らせることはできず、端から危ういものを安泰にすることはできない。これが現実であって、だからこそ、やみくもなことをせず易しいことに取り組む智者の姿勢を貴ぶのです。

貌は美ならず、また悪ならず、故に情を至《きわ》むるは焉《ここ》に託《よ》る[1]。知るべき者は用うべきなり、知るべからざる者は謀者の用いざる所なり。故に曰く、事は人を制するを貴び、人に制せらるるを貴ばず。人を制するは権を握るなり、人に制せらるるは、命を制せらるるなりと。故に聖人の道は陰、愚人の道は陽なり。[2] 智者は易を事とし、不智者は難を事とす。此《ここ》を以て之を観るに、亡は以て存と為すべからず、危は以て安と為すべからず。然り而《しこう》して無為にして智を貴ぶ。[3]

1 **貌は美ならず、また悪ならず、故に情を至《きわ》むるは焉《ここ》に託《よ》る……原文「貌者、不美又不悪、故至情託焉」**。

この箇所は文意が取りにくく、陶注の解釈に従った「感情が外に出ない人間には、こちらの本当の気持ち（至情）を託すことができる」といった趣旨の訳（蕭登福訳、許富宏訳）、あるいは「人間関係の様相というものは、美しいものではない、又醜いものでもない、このように位置づける。それ故に、このようなあり方に至情、こちらの本当の意図は宿されるのである」（高田哲太郎訳）などと訳されている。しかし、これらの訳については、対象に自分の「至情」を「託」すという考え方が内容的に唐突であり、『鬼谷子』の中で「情」がほぼ一貫して探るべき相手の「本心」の意味で使われてきたこととも合致しないため、本書では、人を見た目で判断する愚を説いていると解釈した。先秦期には相手の顔つき、体つきから内面の良し悪しを判断する人相術が盛んだったことが、それを批判的に取りあげた『荀子』非相篇からうかがえるが、『鬼谷子』においても、あくまで相手を判断するための中心的材料は、反応篇等に見られるように言葉であり、見た目については中経の「見形為容、象体為貌」に顕著なように、むしろいくらでも取り繕えるものとされる。

2 **聖人の道は陰、愚人の道は陽なり……原文**「**聖人之道陰、愚人之道陽**」。

自分の本心、なすべきこと（「事」）と謀略を隠し（「陰」）、反対に相手の本心、「事」と謀略を明らかに把握する（「陽」）という『鬼谷子』の思想が凝縮された言葉。これに似たものとして『韓非子』が君主の説得法を説いた説難篇に見られる「夫れ事は密を以て成り、語は泄《も》るるを以て敗る（そもそも、事は秘密をもって成し遂げ、言葉は泄れることで失敗する）」という考え方がある。

3 **亡は以て存と為すべからず、危は以て安と為すべからず。然り而《しこう》して無為にして智を貴ぶ……原文**「**亡不可以爲存、而危不可以爲安。然而無爲而貴智矣**」。

向井邦夫（「従横家思想について――『鬼谷子』を中心に」）が指摘するように、『戦国縦横家書』二十六章に「危にして能く安とせず、亡にして能く存とせざれば、則ち奚ぞ智を貴ばんや（危弗能安、亡弗能存、則奚貴于智矣）」という、これと似た表現がある。ただし、内容としては正反対になっている。

【補説】

この節からは、自分の本心を知られずに、相手の本心を把握する、という『鬼谷子』における成功の図式が陰陽で解説され、「陰」の優位が説かれます。

「聖人の行動原理は陰であり、愚か者の行動原理は陽なのです（聖人の道は陰、愚人の道は陽なり）」とありますが、ここで合わせて考えたいのが、183ページで見た『鬼谷子』における一連のプロセスと陰陽の関係です。隠されていることが陰であり、明らかであることが陽であるとすれば、事前の準備である「変」から「議」までが陰であり、実行段階である「進」と「説」が陽、そこから速やかに退く「退」によって再び陰。つまり、『鬼谷子』の基本はあくまで陰であり、陽は一瞬でなければならないということがここからも分かります。

貌者、不美又不悪、故至情託焉。可知者、可用也、不可知者、謀者所不用也。故曰事貴制人、而不貴見制於人。制人者、握權也、見制於人者、制命也。故聖人之道陰、愚人之道陽。智者事易、而不智者事難。以此觀之、亡不可以爲存、而危不可以爲安。然而無爲而貴智矣。

――人に知られないこと（陰）の重要性

知恵は人が知ることのできないところに用い、能力は人が見ることのできないところに用いなければなりません。

知恵と能力を用いる以上は、事前に人に知られずにすむかどうかを見抜き、「事」を選んで実行するのが「自分のため」ということなのであり、人に知られると分かっていながら、わざわざそうした「事」を選んで実行するのは、「人に評価されるため」ということに過ぎないのです。

だからこそ、古の聖王たちの「道」は陰だったのであり、次のような言葉もあるのです。「天地の生む変化の本質は、うかがいしれないほどに高くまた深いところにあり、聖人の「道」を制する秘訣は、隠れ、また隠すところにある」と。忠、信、仁、義といった決まりきった倫理道徳だけで対処できないのであれば、むしろ、状況にぴったりと応じて隠れる姿勢こそが重要になってくるのです。

この陰の道理に達している人間とはともに謀略について語ることができます。これを体得できれば、近くの人間も遠くの人間も招き寄せて、動かすことができるようになるのです。

智は衆人の知る能わざる所に用い、能は衆人の見る能わざる所に用う。既に用うるに、可否を見、[1]事を択びて之を為すは、自ら為にする所以なり。不可を見、事を択びて之を為すは、人の為にする所以なり。[2]故に先王の道は陰。言、之有りて曰く、天地の化は高と深とに在り、聖人の道を制するは隠と匿とに在り。独り忠信仁義に非ずや、中正のみ。[3]道理、此の義に達すれば則ち与《とも》に語るべし。能く此れを得るに由らば、則ち以て遠近の誘《みちび》きを穀すべし。[4]

1　**可否を見……原文「見可否」。**

ここでの「可否」は、前文の「知恵は人が知ることのできないところに用い、能力は人が見ることのできないところに用いる」が可能かどうかの「可否」を指すと解釈した。

2

既に用うるに〜人の為にする所以なり……原文「**既用〜所以爲人也**」。

「所以自爲也（自ら為にする所以なり）」と「所以爲人也（人の為にする所以なり）」という対表現を、ここでは「自分のため」と「人に知られるため」という意味に解釈した。『論語』憲問篇に「子曰く、古の学ぶ者は己の為にし、今の学ぶ者は人の為にす（子曰、古之學者為己、今之學者為人）」という類似の表現があり、『荀子』勧学篇にも引かれるが、これは通常朱熹の注に従って「昔の学問をする者は自分が道を極めるためにし、今の学問をする者は人に知られるためにする」と解釈される。ここではそのニュアンスを参考にした。

3

独り忠信仁義に非ずや、中正のみ……原文「**非獨忠信仁義也、中正而已矣**」。

ここでの「中正」は偏らないこと、ちょうど的中していることの意味に解釈した。「忠」「信」「仁」「義」は当時の代表的な徳目で主に儒家が説いたもの。『鬼谷子』においては、固定的な道徳よりも状況への適応が重視される。

4

以て遠近の誘《みちび》きを轂すべし……原文「**可以轂遠近之誘**」。

意味が取りにくいが、飛箝篇の「遠きを徴《もと》め近きを来たらす（遠くから招き寄せ、近くから来させる）」という表現と同類のものとして解釈した。

智用於衆人之所不能知、而能用於衆人之所不能見。既用、見可否、擇事而爲之、所以自爲也。見不可、擇事而爲之、所以爲人也。故先王之道陰。言有之曰、天地之化、在高與深、聖人之制道、在隱與匿。非獨忠信仁義也、中正而已矣。道理達於此之義、則可與語。由能得此、則可以穀遠近之誘。

決篇第十一

本章は、物事を決断する際の基準について説いている。

本来はより長い章であったものが、伝えられる過程で冒頭部以外失われたものだと言われているが、『鬼谷子』の状況に応じた柔軟な決断法を十分に伝えるものである。

――不確実な状況における判断基準

すべての物事の決断には、不確実な状況の中で常に頼りになるものがあります。それは、自分に好都合な部分を用いるのを善として、不都合な部分を悪とするという判断基準です。したがって、相手の本心さえ導き出せば、何も戸惑うことはなくなるのです。

要は、相手の本心にこちらに有利な部分があったとしても、その有利な部分がなくなったなら相手を受け入れないようにすればいい。そんなやり方こそ、状況に従って変化する「奇」の姿勢のよって立つところなのです。

もし表面上は好都合（「善」）な相手であっても、その裏でこちらに不都合（「悪」）なものを頼みにしているようであれば、受け入れずに遠ざかる。

利益を失わせるもの、損害を受けるようなものを決断してしまうのは「事」における失敗なのです。

凡そ物を決するに、必ず疑に託《よ》るは、其の福を用うるを善とし、其の患有るを悪とす。善く誘《みちび》くに至るや、終に惑偏無し。[1]焉《ここ》に利有りて、其の利を去れば則ち受けざるは、奇の託《よ》る所なり。[2]若し善に利有るも、隠《ひそ》かに悪に託《よ》らば、則ち受けずして疎遠に致す。故に其の利を失わしむる者有り、害に離《かか》らしむる者有るは、此れ事の失なり。

1 **善く誘《みちび》くに至るや、終に惑偏無し……原文「善至於誘也、終無惑偏」。**

陶注に「然るに疑を決するに善なる者は、必ず誘《みちび》きて其の情を得、乃ち能く其の可否を断ずるなり」とあるのに従って解釈した。

2 **奇の託《よ》る所なり……原文「奇之所託」。**

「奇」の語については謀篇に「「奇」とは状況に従って流れるように変化して決まりきった形に止まらないということである（「奇」とは流れて止まらざる者なり）」という定義があり、それに従って解釈した。

凡決物、必託於疑者、善其用福、悪其有患。善至於誘也、終無惑偏。有利焉、去其利則不受也、奇之所託。若有利於善者、隠託於悪、則不受矣、致疏遠。故其有使失利者、有使離害者、此事之失。

「事」を成し遂げるための五つの方法

聖人が人を動かして「事」を成し遂げる際の方法には、次の五つがあります。

それは、前向きな言葉でうながす方法、後ろ向きな言葉で止める方法、信頼感による方法、隠して物事を進める方法、普段のやりとりで関係性を作っておく方法です。

この五つのうち、前向きな言葉でうながす方法では一貫して言い切ること、後ろ向きな言葉で止める方法では言い切らずあやふやにすることが大事です。

また、五つのうちで最も重要なのは、普段のやりとりで相手と関係性を作っておく方法であり、残りの四つの方法はその裏でひそかに実行するのです。

こうした方法論を前提に「事」の実行を決断するかどうかの基準を考えてみれば、まず過去のいきさつをはかり、これから起こることを吟味し、普段からの関係性を参考にして可能であればこれを決断する。

諸侯や貴族のための「事」においては、相手にとって危険であっても名声を高めるものは、可能であればこれを決断する。

労力を費やさずに成し遂げられるものは、可能であればこれを決断する。

労力が必要で骨は折れるが、せざるを得ないことについては、可能であればこれを決断する。

不都合な要素を取り去るためのことは、可能であればこれを決断する。

好都合な状況を利用できることは、可能であればこれを決断する、といった形になるだろう。

聖人の能く其の事を成す所以の者に五有り。之に陽徳を以てする者有り、之に陰賊を以てする者有り[1]、之に信誠を以てする者有り、之に蔽匿を以てする者有り、之に平素を以てする者有り。[2]陽は一言に勵《つと》め、陰は二言に勵む、[3]平素は枢機にして以て用い、四者、微にして之を施す。是に於いて之を往事に度り、之を来事に験し、之を平素に参して、可ならば則ち之を決す。王公大人の事なるや、危にして名を美にする者は、可なれば則ち之を決す。[4]費力を用いずして成し易き者は、可なれば則ち之を決す。力を用い勤苦を犯す、然れども已むを得ずして之を為す者は、可なれば則ち之を決す。患を去る者は、可なれば則ち之を決す。福に従う者は、可なれば則ち之を決す。

1 **之に陽徳を以てする者有り、之に陰賊を以てする者有り……原文「有以陽徳之者、有以陰賊之者」**。
ここにある「陽徳」、「陰賊」の語については、捭闔篇に「諸言、陽に法るの類は皆、始と曰《い》う。善を言いて以て其の事を始む。諸言、陰に法るの類は、皆終と曰う。悪を言いて以て其の謀を終う（様々な言葉で陽にのっとるものは、皆、会話や物事を始める作用があるとされます。善い面を言って「事」を始めるのです。様々な言葉で陰にのっとるものは、皆、会話や物事を終わらせる作用があるとされます。悪い面を言ってその謀略を終わらせるのです）」とあるのに則って解釈した。

2 **之に平素を以てする者有り……原文「有以平素之者」**。
内揵篇の「素より本始に結ぶ（これは普段から謀略の出発点として、相手との間に結んでおくべきもの)」とあるのを参考に、動かしたい相手との間に「内揵」、つまり関係性を普段から作っておく意として解釈した。

3 **陽は一言に勵《つと》め、陰は二言に勵む……原文**「**陽勵於一言、陰勵於二言**」。

ここでの「一言」「二言」については様々な解釈が可能ではっきりしないが、ここでは許富宏注を参考に、「一言」を一貫した物言い、「二言」をのらりくらりとあやふやな物言いの意味で解釈した。

4 **可なれば則ち之を決す……原文**「**可則決之**」。

以下、この表現が繰り返される。『鬼谷子』においては、事前に可能かどうかをはっきり把握することが、次の節でいうところの「疑を定むる(不確実なことをはっきりさせる)」の重要な要件であることが分かる。

聖人所以能成其事者、有五。有以陽德之者、有以陰賊之者、有以信誠之者、有以蔽匿之者、有以平素之者。陽勵於一言、陰勵於二言、平素、樞機以用、四者微而施之。於是度之往事、驗之來事、參之平素、可則決之。王公大人之事也、危而美名者、可則決之。不用費力而易成者、可則決之。用力犯勤苦、然不得已而爲之者、可則決之。去患者、可則決之、從福者、可則決之。

――疑を定むるは万事の基

また、事前に相手の本心をはっきりさせ、不確実なことをはっきりさせておくのは、どんな「事」においても基本です。

これによって物事を正しく治められるかどうか、「事」の成否も決まるのですが、いざそれを実際に成し遂げるとなると難しいもの。だからこそ、古の聖王たちはめどぎ草や亀甲による占いにも頼って、自ら決断したのです。

故に夫れ情を決し疑を定むるは、万事の基にして、以て治乱を正し、成敗を決するも、成し難き者なり。故に先王、乃ち蓍亀なる者を用い、以て自ら決するなり。[1]

1 **故に先王、乃ち蓍亀なる者を用い、以て自ら決するなり……原文「故先王乃用蓍龜者、以自決也」**。

ここでは、事前に相手の内心や周囲の状況をはっきり把握する行為が、占いと類比的に語られている。『鬼谷子』において事前の状況把握は「占わない占い」なのであり、そのイメージは本経陰符七術でも語られることになる。

故夫決情定疑、萬事之基、以正治亂、決成敗、難爲者。故先王乃用蓍龜者、以自決也。

第二部

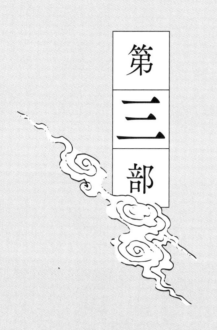

符言第十二

本章では、君主の守るべき九つの心得が説かれている。

この符言篇については内容的に『管子』九守篇とほぼ同じであることが知られている。

権力者を動かす側の技術である『鬼谷子』の中で、権力者の側の教えが説かれることには唐突の感もあるが、符言篇を増補した人物の狙いを想像してみると、『鬼谷子』という書を為政者を含めた、より幅広い層に向けたものとしようとした、あるいは、動かす対象である為政者をより深く理解するための補助テキストとして載せた、などといったことがあるのかもしれない。

――君主の心は「安徐正静」

君主が心が安らぎゆったりとし、偏らず静かであれば、あたかも中心に骨があってそれに応じた肉がかぶさるように、そうした君主の周囲もまた静かに治まるものなのです。このような態度でいてなお静けさを乱す者がいたとしても、むやみなことを思わず平常心で構え、相手の態度が傾き、意志が損なわれるのを待つのがよい。

これが君主の位にある者の心得なのです。

安徐正静[1]なれば、其の節に被《かぶ》さるに肉ならざる無し。善く与りて静かならざれば、心を虚に意を平らかにして以て傾損を待つ。右、主位[2]。

1 **安徐正静……原文同じ。**
ここでの「正」の字は、謀篇中の「独り忠信仁義にのみ非ず、中正のみ」という箇所の「中正」の語の意味合いに沿って解釈した。

2 **主位……原文同じ。**
『六韜』文韜・大礼にも周の文王に「主位」を問われた呂尚（太公望）の言葉として「安徐にして静かに、柔節、先ず定まりて、善く与りて争わず。心を虚に志を平らかにして、物を待ちて以て正す（安徐而靜、柔節先定、善與而不爭。虚心平志、待物以正）」というほぼ同じものが見える。ただし、字句を見ると『管子』九守篇の「主位」により近い。

安徐正靜、其被節無不肉。善與而不靜、虚心平意以待傾損。右主位。

――天下全体を自分の感覚器官にする

目ははっきりと見ることが大切であり、耳ははっきりと聞くことが大切であり、心ははっきりと知ることが大切なのです。

天下すべてを自分の目にして見れば、見られないものはなく、天下すべてを自分の耳にして聞けば、聞かれないものはなく、天下すべてを自分の心にして考えれば、分からないことはなくなるのです。自分の元に人々の目と耳と心が集い、それとともに進むのならば、これらのはっきりとした認識を塞ぐことは誰にもできない。

これが、君主がはっきりとした認識を保つための心得なのです。

目は明を貴び、耳は聡を貴び、心は智を貴ぶ。天下の目を以て視る者は、則ち見ざる無く、天下の耳を以て聴く者は、則ち聞かざる無く、天下の心を以て思慮する者は、則ち知らざる無し。輻輳《ふくそう》並び進まば[1]、則ち明、塞ぐべからず。右、主明[2]。

1 **輻輳《ふくそう》並び進まば……原文「輻輳並進」。**

輻輳とは、車輪において外輪から中心に向かってスポークが集まっている様のこと。ここでは人民から自分に情報が集まる理想的なあり方をこう表現している。

2 **主明……原文同じ。**

『六韜』文韜・大礼にも文王に「主明」を問われた呂尚の言葉として「目は明を貴び、耳は聡を貴び、心は智を貴ぶ。天下の目を以て視れば、則ち見ざる無く、天下の耳を以て聴けば、則ち聞かざる無く、天下の心を以て慮れば、則ち知らざる無し。輻輳並び進まば、則ち明、蔽われず（目貴明、耳貴聰、心貴智。以天下之目視、則無不見也、以天下之耳聽、則無不聞也、以天下之心慮、則無不知也。輻湊並進、則明不蔽矣）」という同様のものがある。

目貴明、耳貴聰、心貴智。以天下之目視者、則無不見、以天下之耳聽者、則無不聞、以天下之心思慮者、則無不知。輻輳並進、則明不可塞。右主明。

徳とは拒まず受け入れること

「徳」の用い方として言われるのは次のようなことです。

「頑なになって相手を拒んではならない。相手を受け入れてこそ逆に守りは固まり、相手を拒めば身動きが取れなくなるのだ。どんなに高い山も仰ぎ見れば高さの見当はつくし、どんなに深い淵も量れば深さを知ることができる。しかし、神秘的でありながら明らかな働きを持つ徳の術の偏らず静かな様は、これを見極めることができない」

これが君主の「徳」についての心得なのです。

徳の術に曰く、堅にして之を拒む勿れ、之を許さば則ち防守し、之を拒まば則ち閉塞す。高山も之を仰ぎて極むべく、深淵も之を度りて測るべくも、神明[1]の徳術は正静にして、其れ之を極むる莫し。右、主徳。[2]

1　**神明……原文同じ。**
ここでの「神明」の語の解釈は摩篇の記述（146ページ）によった。

2　**右、主徳……原文同じ。**
『六韜』文韜・大礼にも呂尚の言葉として「妄りにして許す勿《なか》れ。逆いて拒む勿れ。之を許さば則ち守を失い、之を拒まば則ち閉塞す。高山も之を仰げば、極むべからざるなり。深淵も之を度れば、測るべからざるなり。神明の徳、正静は其の極みなり（勿妄而許、勿逆而拒。許之則失守、拒之則閉塞。高山仰之、不可極也。深淵度之、不可測也。神明之徳、正靜其極）」とあるが、これは周の文王に「主聴（君主の聴き方）」を問われた際の言葉となっている。『管子』九守篇もまた「主聴」としており内容も『六韜』とほぼ同じ。それが『鬼谷子』では内容の改変とともに「徳」の定義にスライドされている。

徳之術曰、勿堅而拒之、許之則防守、拒之則閉塞。高山仰之可極、深淵度之可測、神明之徳術正靜、其莫之極。右主徳。※

※底本「之」の後ろに「位」の字あり。嘉慶十年本に従ってとる。

信頼によって賞し正しさによって罰す

褒美を取らせる場合には公平さへの信頼を大切にし、刑罰を与える場合には正しい用い方を大切にする。褒美を取らせるのに公平さへの信頼を大切にし、常に目の届く限りの相手の行いを吟味していれば、その外にいる相手にまでいつの間にか教化が及ぶのです。

その心からの思いが天下に及んで神秘的で明らかな働きをなすのであり、それは邪悪な心根で君主にとってかわろうとする者をも教化する。
　これが君主の賞罰についての心得なのです。

賞を用うるは信を貴び、刑を用うるは正を貴ぶ。賞賜するに信を貴び、必ず耳目の聞見する所を験すれば、其の聞見せざる所の者、闇化せざる莫し。誠、天下に暢びて神明、而《しか》るに況や姦者の君を干むるをや。右、主賞。[1]

1　**主賞……原文同じ。**
君主の賞罰の意。『六韜』文韜・賞罰に、文王に賞罰のあり方について問われた呂尚の言葉として「凡そ賞を用うる者は信を貴び、罰を用うる者は必を貴ぶ。賞の信なること、罰の必なること、耳目の聞見する所に於いてすれば、則ち聞見せざる所の者、陰化せざる莫し。夫れ誠は天地に暢び、神明に通ず。而るに況んや人に於いてをや（凡用賞者貴信、用罰者貴必。賞信罰必於耳目之所聞見、則所不聞見者莫不陰化矣。夫誠暢於天地、通於神明、而況於人乎）」という同様のものがある。字句は『管子』九守篇の「主賞」により近い。

用賞貴信、用刑貴正。賞賜貴信、必験耳目之所聞見、其所不聞見者、莫不闇化矣。誠暢於天下神明、而況姦者干君。右主賞。

問題は天・地・人で考える

第一に天の時、第二に地の利、第三に人のあり方、そして世界の四方上下、自分自身の左右前後という観点から、人を惑わせるものがどこにあるのかを問わなければならない。

これが君主の問い方の心得なのです。

一に曰く、之に天あり、二に曰く、之に地あり、三に曰く、之に人あり、四方上下、左右前後、熒惑《けいわく》の処、安にか在る。右、主問。

一曰天之、二曰地之、三曰人之。四方上下、左右前後、熒惑之處安在。右主問。

人民の心に従って統治する

心は感覚器官を統治し、君主はあらゆる官職の長である。

君主は、善い行いをする者には褒美を与え、悪い行いをする者には罰を与える。それに際しては、なぜそうした行いをしようとしたのか、相手の心のあり様を基準に賞罰を与えれば苦労することはありません。

聖人はこうした考え方を用いるから、正しく褒美を与えることができ、こうした考え方を用いるから道理に従うことができ、当然として久しく安泰となります。

これが君主が何に従って行動するかについての心得なのです。

心は九竅《きゅうきょう》の治を為し、[1]君は五官の長為り。[2]善を為す者、君、之に賞を与え、非を為す者、君、之に罰を与う。君、其の求める所以[3]に因りて、因りて之に与うれば、則ち労せず。聖人之を用い、故に能く之を賞し、之に因りて理に循い、固より能く久長なり。右、主因。

1 **心は九竅《きゅうきょう》の治を為し……原文「心爲九竅之治」**。本経陰符七術「神の働きを盛んにするには五匹の龍のように」にも「九竅十二舎は気の門戸にして、心の総摂なり（人間の感覚器官は、気の出入りする門であり、心によって司られるものである）」とある。

2 **君は五官の長為り……原文「君爲五官之長」**。「五官」は、あらゆる官職の意味（許富宏説）。

3 **其の求める所以……原文「其所以求」**。そうした行いを求める原因（所以）としての「心」の意味に解釈した。「下の者が賞罰を求める理由」という意味にも解釈できるが、そうすると冒頭の「心」の記述が浮く感じがある。

心爲九竅之治、君爲五官之長。爲善者、君與之賞、爲非者、君與之罰。君因其所以求、因與之、則不勞。聖人用之、故能賞之、因之循理、固能久長。右主因。

——君主の言葉は行き渡らなければならない

君主たるもの自分の言葉が臣下にあまねく行き渡らなければなりません。

君主が言葉をあまねく行き渡らせなければ、臣下の間に乱れが起きるのです。そんな落ち着かない状況にあっては、内と外で通じ合うこともなく、言葉をかけるべき相手も分からなくなる。口の開閉（言葉の使い方）がうまくいかなければ、物事の根本や原因を見抜くこともできなくなるのでしょう。

これが君主が言葉を周知させることについての心得なのです。

人主は周せざるべからず。[1]人主周せざれば、則ち群臣、乱を生ず。其の常無きに家するや、内外通ぜず、安んぞ開く所を知らん。開閉善ならざれば、原《もと》を見ざるなり。[2]右、主周。

1 **人主は周せざるべからず……原文「人主不可不周」**。「周」の語については、捭闔篇に「之を捭せんと欲すれば周を貴び、即ち之を闔せんと欲すれば、密を貴ぶ（口を開こうと思うならば完全に周知させることを貴び、すなわち口を閉じておこうとするならば完全に秘密にすることを貴ぶ）」とある。

2 **開閉善ならざれば、原《もと》を見ざるなり……原文「開閉不善、不見原也」**。『管子』九守篇では同じ箇所が「関閉《かん》、開かずば、善否、原《たずぬ》ること無し（関閉不開、善否無原）」となっているが、この符言篇では「開閉」という『鬼谷子』用語に置き換わっている。

人主不可不周。人主不周、則群臣生亂。家于其無常也、内外不通、安知所開。開閉不善、不見原也。右主周。

――隠れた邪悪を見抜くために

第一に遠くを見る目を持つこと、第二に遠くを聴く耳を持つこと、第三に、その二つをもとに心ではっきりと認識すること。心にはっきりとした認識を持てば、微妙な事柄の中に千里の外の物事を知るようになるのです。これを「天下の邪悪な者を洞察して見抜き、知らず知らずのうちにみな更生させる」と言います。

これが君主のつつしむべきことについての心得なのです。

一に曰く、目を長じ、二に曰く、耳を飛し、三に曰く、明を樹つ。明なれば隠微の中に千里の外を知る、是れ、天下の姦を洞し、闇にして変更せざる莫しと謂う。右、主恭。

一曰長目、二曰飛耳、三曰樹明。明知千里之外、隠微之中、是謂洞天下姦、莫不闇變更。右主恭。

——君主の言葉は名目と実質で考える

名目に従って行なえば、実質も安泰になり完全になります。

名目と実質はお互いを作り出すものであり、それがひるがえってお互いの中身を生むのです。だからこそ、次のように言うのです。

「名目が対象に的中すれば実質が生まれる。

そのプロセスを言えば、実質は道理から生まれ、その道理は名目と実質が持つお互いへの作用から生まれ、その作用は名目と実質が調和することから生まれ、その調和は名目が対象に的中することから生まれるのである」

これが君主の言葉についての心得なのです。

名に循いて為さば、実、安んじて完し。名実相い生じ、反りて相い情を為す。故に曰く、名、当たらば則ち実を生ず。実は理に生じ、理は名実の徳に生じ、徳は和に生じ、和は当たるに生ず。右、主名。

【補説】

この節は、言葉の名目と実質の関係性についての、いわゆる「名実論」を説いています。抽象的でイメージが摑みにくいかもしれませんが、結論をまとめれば、ふさわしいものをふさわしい名目で呼ばなければ、実質的な効果は生まれないということです。

例えば、「王」という名目で言えば、「王」と呼ぶにふさわしい条件（能力・境遇など）を具えた対象が「王」と呼ばれていなければ、実質は生まれない。つまり、「王」の命令、「王」への忠誠などと、いくら「王」を連呼しても、本来持つべき実質的効果は発揮されず、侮られ心服されないのです。

逆に、そう呼ぶにふさわしい人物を「王」と呼べば、「王」という名目は、いったんそれを持ち出せば周囲が服するだけの権威（実質）を持つ。これがここでいう「名目が対象に的中すれば実質が生まれる（名、当たれば則ち実を生ず）」という意味であり、こうした名目であってこそ、「名目に従って行なえば、実質も安泰になり完全になる（名に循いて為さば、実、安んじて完し)」ということになるのです。

循名而爲、實安而完。名實相生、反相爲情。故曰、名當則生於實。實生於理、理生於名實之德、德生於和、和生於當。右主名。

転丸第十三、胠乱《きょらん》第十四

この二篇は失われて伝わっていない。

転丸篇の内容は不明。一説に唐の馬総『意林』などに引かれる、現行『鬼谷子』に見られない断片的な文のいくつかは転丸篇から取られたものだとも言われる。なお、『鬼谷子』の逸文については、本書が底本にした『鬼谷子集校集注』の付録で一覧できる。

胠乱《きょらん》篇は、本によっては胠篋《きょきょう》篇と呼ばれ、現行本に付せられた注に「『荘子』胠篋篇で目次を埋めた本がある（或いは荘周胠篋を取りて次第を充つる者有り。なお、「取」の字がない本もある）」とあり、また唐の趙蕤《ちょうずい》『長短経』反経篇が『鬼谷子』からの引用として『荘子』胠篋篇と同じ文章を載せている。

このことから、一時期『鬼谷子』に胠篋篇として『荘子』と同じ文を載せたバージョンがあったことは、ほぼ間違いない。しかし、これが初めからそうだったのか、元々の胠乱篇（胠篋篇）が失われたために『荘子』から文章を引っぱってきて埋めたのかは、考えるための材料も見当たらず、よく分からない。

第四部

本経陰符七術

過酷な交渉や説得が繰り広げられた戦国時代では、実際のやりとりの場面で心が動揺し、能力が発揮できないといったことは、自らの命や国家の運命にも関わる絶対に避けるべき事態だった。今で言う「アガって言葉が出てこない」なんてことは、もっての他だったのである。本章では、そうした状態を避けるために必要となる、心の構造についての知識と「心術」（心を制御し動揺させない術）が説かれる。

こうした「心術」の研究は、縦横家に限らず、当時遊説活動の中で自分を売り込んでいた様々な学派に共通の関心事だったようで、斉国の稷下《しょっか》に集った学者たちの成果をまとめた『管子』に心術上・下篇、白心篇、内業篇という心術を扱った四篇がある他、儒家の大物・孟子も弟子の質問に答える形で、自らの「浩然の気」の理論に基づいた心術を告子（不詳）の説いた心術と比較しながら説いている（『孟子』公孫丑章句上）。

神の働きを盛んにするには五匹の龍のように

「神」の働きを盛んにするには、「五気」（五つの気）という要素が関わります。つまり、「神」で「五気」をつかさどり、心で「五気」を宿らせ、「徳」で「五気」を大きくするのです。

このように「神」の働きを養うには、「道」に基づかなければなりません。

「道」とは天地の始まりにあるものであり、「一」こそが「道」の持つ原理です。

万物を造るもの、天を生じさせるものである「道」は、広くすべてを包み込みながら形がありません。気を変化させ、天地に先んじて存在しながら、その形を見ることはできず、その名を知ることもできない。だからこそ、これを「神霊」（神秘霊妙）と表現するのです。

「道」は、心に神秘的かつ明らかな働きをもたらす源。「一」とはその働きのきっかけを作るものです。「一」によって「徳」も「五気」を養うことができ、心もまた実際に「一」（集中）の状態を得ることができる。ここにあるのが「心術」というものなのです。

自らの心を制御する「心術」とは、心の気の「道」（原理）を宿す術であり、心に優れた働きをもたらす「神」もまたいわばその術から来る使いです。そして、人間の感覚器官は、言わば気の出入りする門ですが、これもまた心の支配を受けているのであり、「心術」によって制御することができるのです。

こうした「心術」を生まれながらに天から授けられている人物を「真人《しんじん》」と言います。「真人」は天と「一」（一体）の存在なのです。

一方で、自分の内での修練を通じて「心術」を知る者は「聖人」と呼ばれます。

盛神[1]は五龍[2]に法る

盛神の中に五気[3]有り。神は之が長を為し、心[4]は之が舎を為し、徳[5]は之が大を為す。養神の諸れを帰する所、道なり。道は天地の始め、一[6]は其の紀なり。物の造らるる所、天の生ずる所、宏きを包みて無形なり。気を化し、天地に先んじて成るも、其の形を見る莫く、其の名を知る莫し。之を神霊と謂う。故に道は神明の源なり。一は其の化端なり。是《ここ》を以て徳は五気を養い、心は能く一を得るは、乃ち其の術[7]有り。術は心気の道の由りて舎する所の者にして、神は乃ち之が使を為す[8]。九竅十二舎[9]は気の門戸にして、心の総摂なり。生まれながらに天に受く、之を真人と謂う。真人[10]は天と一為り。内に修練して之を知る。これを聖人と謂う。

1　**神……原文同じ。**
人間の心にやってきて優れた働きをもたらすもの。神をいかに心に宿すかが本経陰符七術で説かれる心術のコンセプトである。同様のコンセプトは、『管子』の説く心術にも見られ、「其の欲を虚しくすれば、神将《まさ》に入りて舎《やど》らんとす」（心術上篇）などとある。

2 **五龍……原文同じ。**
陶注によれば、木、火、土、金、水の五行の龍だという。ただし、『鬼谷子』本文中に五行思想は見られない。おそらく冒頭部に出てくる五つの気（五気）を龍になぞらえたもの。

3 **五気……原文同じ。**
五つの気。その内訳について、「精、神、魂、魄《はく》、志」を指すとする説（陶注）、「気、神、心、徳、道」を指すとする説（尹桐陽注）、「心、肝、脾、肺、腎の五臓の気」を指すとする説（許富宏注）などがあって定説はない。

4 **心……原文同じ。**
気の容器。物理的には心臓を指す。『鬼谷子』当時は心は脳ではなく心臓にあるとされた。緊張して鼓動が早くなったり、悲しくて胸が締め付けられるような感覚を覚えるのは、『鬼谷子』流に言えば、気の乱れを示す心からのシグナルである。

5 **徳……原文同じ。**
捭闔篇での訳注の通り（59ページ参照）、人が身に付けるべき行動原理、特に『鬼谷子』においては状況に応じて自由に変化する姿勢、「円」の姿勢を指す。自由に変化し、こだわらない姿勢が心の気をのびのびと育てるものと解釈した。

6 **一……原文同じ。**
本経陰符七術においては、「一」つのものへの集中、あるいは天（道）との「一」体化、

「神」、心、「徳」の「一」体化を表す心術のキーワードとなっている。この「一」の重視は、『管子』の説く心術にも見られ、「意を専らにし心を一にすれば、耳目端《ただ》しくして遠きの証しを知る」（心術下篇）などとある。また、この心術における「一」という考え方は、そもそも道家に由来するものであり、『老子』に「聖人は一を抱きて天下の式を為す」（第二十二章）などとあり、『荘子』に「若《なんじ》、志を一にせよ」（人間世篇）などとある。

7 **術……原文同じ。**
後文で「心術」とも。心気を安静にするための術。

8 **神は乃ち之が使を為す……原文「神乃爲之使」。**
直訳すれば、「神はこれ（心術）からの使いである」となる。「使」という表現は転じて、「そこから来るもの」、「それ次第のもの」といった意味。

9 **九竅十二舎……原文同じ。**
感覚器官のこと。「九竅」は九つの穴。両目、両耳、二つの鼻の穴と口、下半身の二つの排泄孔を合わせたものを指す。「十二舎」については、陶注に目と色、耳と声、鼻と香り、口と味、身と触覚、意識と内容という器官と対象の六つの組み合わせを指すと解釈されているほか様々な説がある。

10 **真人……原文同じ。**
道家の思想における悟った人間のことであり、『鬼谷子』においてもこのイメージが流用されているものと思われる。例えば、『荘子』大宗師篇では「生を説《よろこ》ぶことを知らず、死を悪《にく》むことを知らず（生を喜ばず、死を嫌がらない）」などとし、現世の価値観に心を動かされない一種の超人として描かれる。

【補説】

この節では、『鬼谷子』における心の構造と理想の状態について、万物の根本である「道」、その働きであり、集中、一体など様々な意味を含む「一」、心のエネルギーである「気（五気）」、それを宿す器である「心」、「気」をつかさどることで「心」に優れた働きを与える「神」、「気」を大きく育てる「徳」（「道」に則った柔軟な変化の姿勢）といったキーワードで説明されます。

この節に見られる「心」の理想の状態を、筆者の理解に基づいて図解しておくと次ページのようになります。

つまり、心の「気」を優れた状態にするには、「神」によって気をつかさどり、柔軟な変化の姿勢である「徳」によって気を大きくしなければならず、そのためには、「道」との一体化、「一」つのものへの集中などを意味する「一」という「道」の働きを身に付けなければならないということです。これが『鬼谷子』の「心術」の基本構造になります。

盛神法五龍

盛神中有五氣、神爲之長、心爲之舍、德爲之大、養神之所歸諸道。道者天地之始、

心術の目指す心の構造

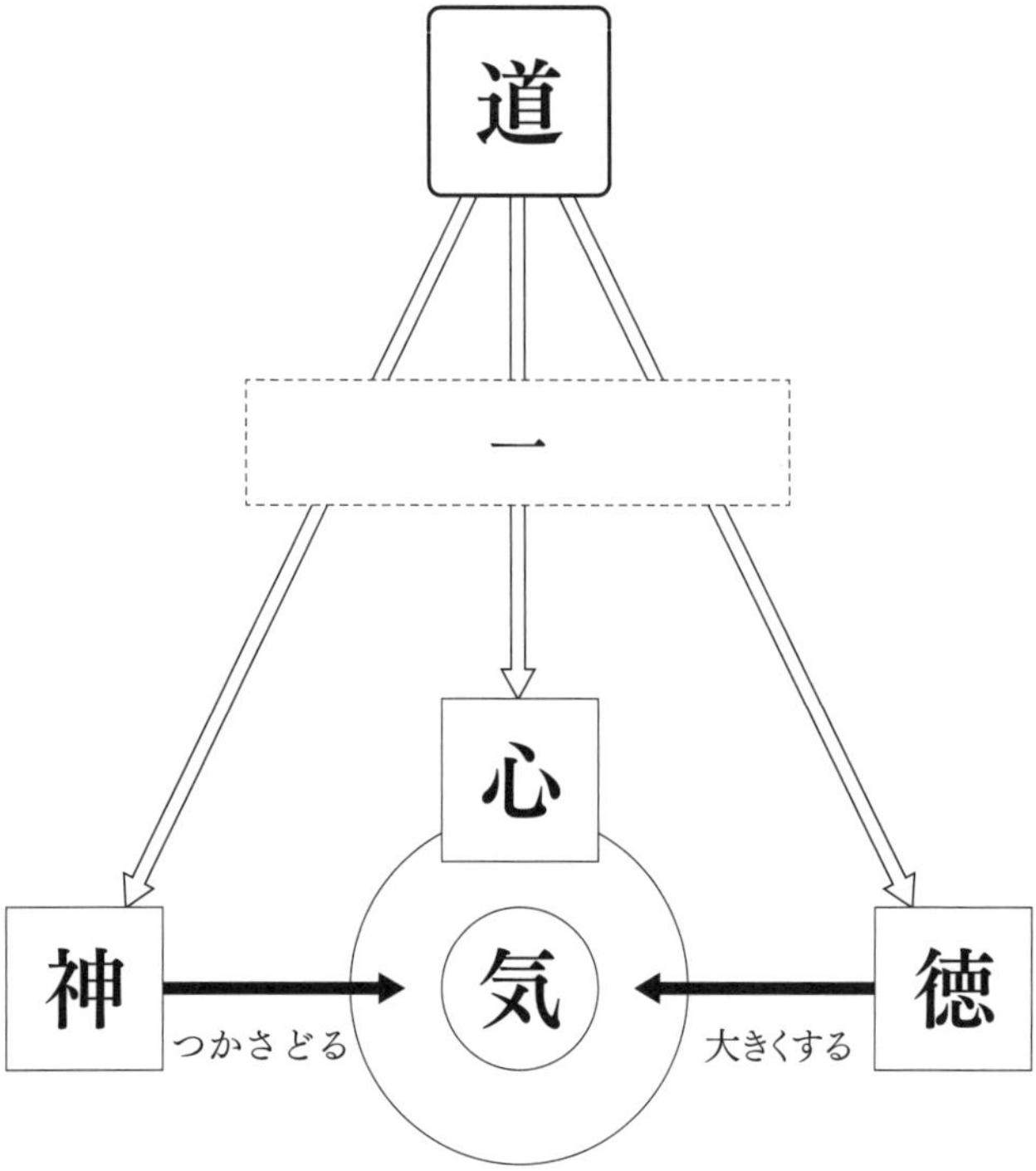

一其紀也。物之所造、天之所生、包宏無形。化氣、先天地而成、莫見其形、莫知其名、謂之神靈。故道者、神明之源。一其化端。是以德養五氣、心能得一、乃有其術。術者、心氣之道所由舍者、神乃爲之使。九竅十二舍者、氣之門戶、心之總攝也。生受於天、謂之真人。真人者與天爲一。內修練而知之、謂之聖人。

＊

聖人は、「類」によって外界の万物を把握します。

人間は「道」による「一」の働きとともに生まれ、万物の変化の中に現れ出てくる。その万物の変化を分類し把握するきっかけを作るのは、見たり聴いたりといった感覚器官なのです。しかし、実際の事態の中では感覚器官が惑わされ、見るべきものが見えず、聴くべきことが聴こえない場合もあるでしょう。

こうした場合は、「心術」によって感覚器官の働きを取り戻さなければなりません。心にそうした術がなければ、必ず感覚器官がふさがってしまうのです。

逆に言えば、「心術」によって感覚器官さえ働けば、「五気」が養われることになる。ここでもっぱら重要なのが、「神」を心に宿すということなのです。

「五気」を養って感覚器官が十分に働くようにすることを「化」といいます。この「化」によって「五気」を保持するにあたっては、意志力、思考力、「神」、「徳」という要素がありますが、その中でも「神」こそがこれらの長となるものです。

「五気」を養うには安静と調和が必要です。

「五気」に完全なる安静と調和が与えられれば、意志力も思考力も「神」も「徳」も衰えず、周囲を動かす心の勢いが自然と一挙手一投足に宿るようになる。この境地を「神化」といい、これを完全に身に付けた人間を「真人」というのです。

「真人」とは天と同化し「道」と合一し、「一」を握ってあらゆる「類」の物事を養い生み出す存在です。すなわち、天の心をいだき、「徳」に従って周囲を養い、ことさらに何かせずとも、確固とした意志力と思考力を心に抱いて威勢を振るう者なのです。

　士たる者がこうした教えを熟知し体得すれば、「神」が盛んとなり意志力を養うことができるでしょう。


　聖人は類[1]を以て之を知る。人は一と生じ、物化[2]に出づ。類を知るは竅に在り。疑惑する所有らば、心術に通ず。心に其の術無くんば、必ず通ぜざる有り。其の通ずるや、五気養うを得。務めは神を舎するに在り。此れを之、化と謂う。化の五気を有《たも》つは、志[3]なり、思[4]なり、神なり、徳なり。神はその一長なり。静和とは気を養うなり。気、其の和を得ば、四者衰えず、四辺の威勢、為さざる無くして存し之に舎す。是れ神化と謂う。身に帰す、之を真人と謂う。真人は天と同じて道に合し、一を執りて万類を養産す。天心を懐き、徳養を施し、無為にして以て志慮思意を包み威勢を行う者なり。士たる者、之に通達せば、神盛んにして乃ち能く養志す。

1 **類……原文同じ。**
今まで見てきたように『鬼谷子』の理論と技術の基本の一つに、物事に名前を付けて分類・把握することがあり、その一環である。

2 **物化……原文同じ。**
万物の変化のこと。『荘子』において、現実の本質を表すキーワードとして使用されている言葉。その点、「変」を謀略の出発点におく『鬼谷子』と『荘子』の共通点を感じさせる。

3 **志……原文同じ。**
意志あるいは、その力のこと。「意」と一組に扱われ「志意」などとも表現される。『黄帝内経』霊枢・本蔵篇には「志意なる者は、精神を御し、魂魄を収め、寒温を適にし、喜怒を和する所以の者なり」とある。続く文中に明らかなように、『鬼谷子』においては「志」と「意」、あるいは「志意」の使い分けは判然とせず、ほぼ同義に扱われているため、「志」「意」「志意」はすべて同様に意志あるいは意志力と訳した。

4 **思……原文同じ。**
思考あるいは、その力のこと。「慮」と一組で「思慮」などと表現される。『鬼谷子』では特に謀略についての思考を言う。

5　**士……原文同じ。**もともと周王朝時代の体制下における「卿」「大夫」に次ぐ下級貴族を意味したが、その体制の崩壊した春秋戦国期では、没落した貴族や庶民から成り上がった人間も「士」と呼ばれるようになった。知識人階級としての側面もある彼らは各国の政治に食い込むようになり、儒家をはじめとした各学派の遊説家も「士」出身の人物が多かった。

【補説】

この節からは、前節の心の構造を前提に、権力者などへの説得の場面で起こる、「気」が不調に陥り感覚器官が乱れる事態をいかに克服するかが説かれます。

ここで言う感覚器官が乱れた状態（「疑惑する所有り」、「通ぜざる有り」）を具体的にイメージすれば、おそらく緊張して自分が何を見ているのか、何を聞いているのか分からなくなるようなことを言うのでしょう。

そして、そうした状態に陥らず、気を養い感覚器官をはっきりと保つために必要なものとして『鬼谷子』が説くのが、安静と調和（「静和」）です。この安静と調和こそが、先ほど図で見た、心の各要素に「一」の働きを与える前提となるものであり、人を動かす威勢を生むものなのです。

聖人者、以類知之。故人與一生、出於物化。知類在竅、有所疑惑、通於心術。心無其術、必有不通。其通也、五氣得養。務在舍神。此謂之化。化有五氣者、志也、思也、神也、德也、神其一長也。靜和者養氣。氣得其和、四者不衰、四邊威勢、無不爲存而舍之。是謂神化。歸於身、謂之真人。真人者、同天而合道、執一而養產萬類。懷天心、施德養、無爲以包志慮思意、而行威勢者也。士者通達之、神盛乃能養志。

意志力を養うには霊亀のように

意志力を養うのは、そうしなければ心の気によって生まれる思考が道理に合わなくなるからです。

「したい」という欲求の対象があれば、「しよう」という意志力が出てきて、「どのようにするべきか」という思考がそれに対して働きます。つまり、意志力は欲求から来るものなのです。欲求が過剰であれば心の気が分散し、心の気が分散すれば意志力が弱くなり、意志力が弱くなると思考が道理に合わなくなります。

逆に心の気が「一」、つまり一つに集中していれば欲求もさまよわず、欲求がさまよわなければ意志力も衰えず、意志力が衰えなければ思考が道理に合うのです。思考が道理に合えば、体内も調和し、体内が調和すれば乱れた心の気が胸中を煩わすこともない。

だからこそ、内に意志力を養って外に人の本心を知るという状態になります。すなわち内に自分の意志力を養えば外に対して感覚器官が働き、外で人の本心を知ろうとすれば内でそれぞれの感覚器官がはっきり働くという状態になるのです。

養志は霊亀[1]に法る

養志は心気の思、達せざればなり。[2] 欲する所有れば志存して之を思う。志は欲の使いなり。欲多ければ則ち心散じ、心散ずれば則ち志衰え、志衰うれば則ち思達せず。故に心気一なれば則ち欲徨《さまよ》わず、[3] 欲徨わざれば則ち志意衰えず、志意衰えざれば則ち思理達す。理達すれば則ち和通し、[4] 和通すれば乱気胸中を煩わさず。故に内に以て養志し、外に以て人を知る。養志することあらば則ち心通じ、[5] 人を知らんとすれば則ち職分明らかなり。[6]

1 **霊亀……原文同じ。**
陶注に「亀は能く吉凶を知る（亀は吉凶を知ることができる）」とある。古代中国、特に殷代には、獣骨と並んで亀甲が焼かれ、そこでできた亀裂をもとに占いの結果が立てられ施政の方針とされたが、亀それ自体にも事前に吉凶を知る霊獣のイメージがあったのだろう。ここでの意味は、意志力を養えば他人の本心をはっきり把握でき、自分の謀略の吉凶を事前に把握できるというもの。

2 **達せざればなり……原文「不達」。**
続く文で明らかなように、ここでの「達」は「理達（道理の上で達《いた》る）」を指す。つまり、「不達」は道理に合わなくなるということ。

3 **故に心気一なれば則ち欲徨《さまよ》わず……原文「故心氣一則欲不徨」。**
いかに心気が衰えるかを説いた前文の冒頭「欲求が過剰であれば心気が分散し（欲多けれ

ば則ち心散じ)」と比べて欲求と心の気の影響関係が転倒している。つまり、ここでは欲求に心が操られるのではなく、心が欲求を制するべき旨を説かれている。

4 **和通……原文同じ。**

次節「意志力を充実させるには螣蛇のように」に「五臓を安静にし、六腑を和通する」とあることから、この「和通」は体内の調和を言うと解釈した。

5 **養志することあらば則ち心通じ……原文「養志則心通矣」。**

前文の「内に以て養志し、外に以て人を知る」を言い換えている。ここでの「通」は「疑惑する所有らば、心術に通ず」(232ページ)の「通」で、感覚器官がはっきり働くこと。

6 **人を知らんとすれば則ち職分明らかなり……原文「知人則職分明矣」。**

前文「内に以て養志し、外に以て人を知る」を「外」から「内」の逆方向から言い換えている。ここでの「職分」は感覚器官それぞれの働きを指す。『管子』に「心は体にとっての君主である。感覚器官がそれぞれの仕事があるのは、官吏にそれぞれ担当があるのと同様である(心の体にあるは君の位なり。九竅の職有るは官の分なり)」(心術上篇)と感覚器官の働きを「職分」になぞらえる、この箇所と同様の表現がある。

【補説】

ここでは、欲求→意志力→思考というプロセスが語られ、優れた思考を生み出すには心の気を「一」にし、「したい」という欲求を目的に向かって集中的に向け、上の図のような状態を心

心術による理想の心の働き

心気　集中された心の気

↓

欲　さまよわない欲求

↓

志意　盛んな意志力

↓

思慮　道理にかなった思考

に作り出す必要があることが語られます。

このような理想的な状態で心が働いていれば、感覚器官がはっきり働き、言葉で動かす相手の本心を知ることができると『鬼谷子』は言うわけです。

では、さらに一歩進んで、この心の気が「一」となった理想的な精神状態とは具体的にどのような様子を指すのでしょうか？

そのイメージをつかむには、補助線として『荘子』人間世《じんかんせい》篇にある次の話が参考になります。

葉公子高《しょうこうしこう》という人物が、楚の使いとして斉の王に面会することになった時のこと。彼は、任務に失敗をすれば罰を受けるという極度のプレッシャーの中、心配のあまり体調までおかしくなっている状態で孔子に相談に行きます。そのとき、孔子はこうアドバイスします。

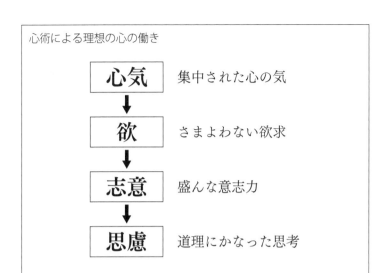

「実際の任務に取り組んでいく中で、わが身を忘れるほどになれば、生を好んで死を憎む余裕もないでしょう（事の情を行いて其の身を忘る。何の暇《いとま》ありてか生を悦びて死を悪《にく》むに至らんや）」

これこそ心の気が「一」となった状態です。ここにあるのは、意識的な集中ではありません。意識的に集中しているうちは、「二」つの自分が「二」つの対象に集中するという「二」の状態なのです。

そうではなく、自分も相手も意識することなく無我夢中で物事に取り組んでいるような精神状態。これこそが心の気が「一」になるということなのです。

養志法靈龜

養志者、心氣之思不達也。有所欲、志存而思之。志者、欲之使也。欲多則心散、心散則志衰、志衰則思不達。故心氣一則欲不徨、欲不徨則志意不衰、志意不衰則思理達矣。理達則和通、和通則亂氣不煩於胸中。故内以養志、外以知人。養志則心通矣、知人則職分明矣。

＊

これを術として人に対して用いようとするならば、まず内に気と意志力を養うことを知って、そこから外で相手の気の盛衰を把握するという手順を踏むこと。

自分の気と意志力を養うには、自分の心が何をしているときに安らかであるのかを観察し、何をすることが可能なのかを知らなければなりません。

そのように意志力を養わなければ、心の気は確固としたものにならず、心の気が確固としたものにならなければ思考が道理に合わなくなる。思考が道理に合わなければ意志力はますます充実を失い、意志力が充実を失えば相手とのやりとりに猛々しさもなくなる。やりとりに猛々しさがなくなれば、そのことでとうとう全く意志力が失われ、心の気が虚ろとなる。意志力を失い、心の気が虚ろになれば「神」が働きを失う。「神」が働きを失えば、ぼんやりとした状態となり、ぼんやりとした状態になれば、ついには「神」、心、「徳」の三つが「一」(一体)とならず、「道」にかなわない状態となってしまう。

意志力を養うには、まずもっぱら自己を安らかに保つことが重要なのです。

そして、自己を安らかに保てば意志力は充実して強固になり、意志力が充実して強固になれば、人と対峙しても心の勢いが分散することはありません。むしろ、この神秘的かつ明らかな働きを固く守れば、相手の心の勢いを分散することができるのです。

将に之を人に用いんと欲さば、必ず先ず其の気志を養うを知り、人の気の盛衰を知る。而《しこう》して其の志気を養うは、其の安んずる所を察し、以て其の能くする所を知るなり。志養わざれば則ち心気固ならず、心気固ならざれば則ち思慮達せず、思慮達せざれば則ち志意実ならず、志意実ならざれば則ち応対猛からず、応対猛からざれば則ち志失いて心気虚に、志失いて心気虚なれば則ち其の神を喪う。神喪えば則ち髣髴、髣髴なれば則ち参会して一ならず。[1]養志の始め、務めは己を安んずるに在り。己安らかなれば則ち志意実堅、志意実堅なれば威勢[2]分かれず。神明常に固く守れば乃ち能く之を分つ。[3]

1　**参会して一ならず……原文**「**參會不一**」。
「参」は三のこと。陶注は「志」、心、「神」の三者とするが、ここでは、「神を盛んにするには五匹の龍のように」の冒頭部を見るに、「神」、心、「徳」の三つを一（一体）とする意と見たほうが内容上ふさわしいと解釈した。

2　**威勢……原文同じ**。
後文の中では「威」あるいは「勢」とも表現される。個人が持つ精神的な勢い。論争の場面における相手から感じる気迫を想像するとよいかもしれない。王への説得あるいは他の遊説家との論戦においては、この相手の心の勢いをいかに分散衰微させるかが問われるというのが本経陰符七術の要点の一つである。

3　**能く之を分つ……原文**「**能分之**」。
『孫子』虚実篇に「我専ら一と為し、敵分かれて十と為せば、是れ、十を以て其の一を攻むるなり（味方が集まって一となり、敵が十に分かれれば、十で一を攻めることができる）」とあるが、言わば、それを心理戦において実行する。ちなみに『孫子』もまた戦争において軍の持つ「勢」を重視している。

【補説】

心を制御し気を乱さない「心術」のためのキーワードとして「安静と調和」（「静和」）があることはすでに見ましたが（232ページ）、この節ではその具体的内容として「自分の心が何をしているときに安らかであるのかを観察し、何をすることが可能なのかを知らなければなりません（其の安んずる所を察し、以て其の能くする所を知る）」と説かれます。

前半の「其の安んずる所を察し」とは、つまり、自分の心が何をしたいのか、どういう状態を求めているのかを把握するということ。自分の心からあまりに離れたことに取り組んでも、いよいよの場面で気が乱れて「一」の状態に入れないというのが『鬼谷子』の説く所です。

また、後半の「以て其の能くする所を知る」も重要で、ここまで見てきたように、『鬼谷子』の術とは、可能な謀略の下、可能な相手を選び、可能な状況を整えて、可能な方法で動かすものです（決篇において「可能であればこれを決断する（可ならば則ち之を決す）」という言葉が連呼されていることを思い出しましょう）。ここでは、この延長線上として、自分の〝心にとって〟可能なことに取り組まなければならないと改めて説かれているのです。

將欲用之於人、必先知其養氣志、知人氣盛衰。而養其志氣、察其所安、以知其所能。志不養則心氣不固、心氣不固則思慮不達、思慮不達則志意不實、志意不實則應對不猛、應對不猛則志失而心氣虛、志失而心氣虛則喪其神矣。神喪則髣髴、髣髴則參會不一。養志之始、務在安己。己安則志意實堅、志意實堅則威勢不分。神明常固守、乃能分之。

意志力を充実させるには螣蛇《とうだ》のように

意志力を充実させるのは、盛んな心気によって思考を行うためです。心は安静を必要とし、思考は深遠である必要があります。心が安静であれば神がかりの策が生まれ、思考が深遠だからこそ優れた謀略ができあがってくる。神がかりの策が生まれれば意志は乱されず、謀略ができあがっていればつけいるスキは生まれません。

意志と思考が定まっていれば心は終始安らかであり、心が終始安らかであれば行動に間違いがなくなる。そうなれば、「神」の働きは自《おのずか》ら得られ、得れば謀略という形に凝結するのです。

心の気を認識するのに何かに頼ろうとすれば、邪念が浮かんではこれにこだわり、間違った謀略を思いついては惑わされ、言葉も心から出たものではなくなる。

心術を信じ、「一」の状態を守って変わろうとはせず、その中で相手の意志・思考との接触（会話のやりとり）を待ちうけて、言葉を聴き、探るのです。

実意は螣蛇[1]に法る

実意は気の慮なり。心は安静を欲し、慮は深遠を欲す。心安静なれば則ち神策生じ、慮深遠なれば則ち計謀成る。神策生ずれば則ち志乱れず、計謀成れば則ち間すべからず。意慮定まれば則ち心遂に安らかにして、心遂に安らかなれば則ち行う所錯《あやま》たず、神自得す[2]。得れば則ち凝る。気を識るに寄なれば、姦邪にして之に倚《よ》り、詐謀して之に惑い、言心に由る無し。故に心術を信じ、真一を守りて化せず、人の意慮の交会[3]を待ちて、之を聴き之を候うなり。

1　**螣蛇……原文同じ。**
伝説中の飛行する蛇。蕭登福『鬼谷子研究』によれば、禍福を予言して少しも間違えない神獣であるという。

2　**神自得す……原文「神自得矣」。**
『管子』心術下篇にも「能く人に問うこと毋《な》くして、之を己に自得せんか（人に問うことをやめることができれば、「一」の境地を自ら得ることができる）」とあり、当時の心術において、自らの心気を自ら認識して自ら術を悟る「自得」が重視されていたことがうかがえる。

3　**人の意慮の交会……原文「人意慮之交會」。**
相手の意志・思考との接触。会話のやりとりを心の観点からとらえた表現。反応篇に「多く其の会に張りて之を司《うかが》い、道、其の事に合わば、彼自ら之を出だす。此れ、人を釣るの網なり（多くの網を相手と接触するところに張って様子をうかがい、その扱い方の「道」

さえ相手の「事」に合っていれば、相手は自分から心の声を口から出すでしょう。これこそ、人を釣り上げる網というものです）」とあるのが参考になる。

【補説】

「心の気を認識するのに何かに頼ろうとすれば、邪念が浮かんではこれにこだわり、間違った謀略を思いついては惑わされ、言葉も心から出たものではなくなる（気を識るに寄なれば、姦邪にして之に倚り、詐謀して之に惑い、言心に由る無し）」という一文が重要です。

自分の心が何を求めているのか、どういう状態にあるのか、その気のあり様を認識するには、何よりも自分で自分の内面を観察して確信する必要があるということです。それが『鬼谷子』の「心術」であり、逆に言えば他人の評価や価値観、総じて言えば、他人の言葉によって、自分の心を認識してはならない。そうなると、心もそこから出る言葉や謀略も、他人の意見や顔色によって右往左往することになるからです。

實意法螣蛇

實意者、氣之慮也。心欲安靜、慮欲深遠。心安靜則神策生、慮深遠則計謀成。神策生則志不可亂、計謀成則功不可間。意慮定則心遂安、心遂安則所行不錯、神自得矣。得則凝。識氣寄、姦邪而倚之、詐謀而惑之、言無由心矣。故信心術、守真一而不化、待人意慮之交會、聽之候之也。

謀略は生き死にを分ける要です。

＊

相手の思考との正しい接触（会話のやりとり）がなければ、言葉を聴いて審らかにすることもできず、相手の内心を探ることができません。

また、謀略を生み出すことができないとすれば、それは意志力が信じるところを失い、虚ろになって充実を失っているのです。

だからこそ、謀略を生み出す思考において、専ら重要なのが意志力を充実させることであり、意志力を充実させるためには必ず「心術」を出発点としなければなりません。

その「心術」とは、むやみな動きをせず、五臓を安静にし六腑を調和させることを求め、心全体が「一」（集中した状態）であることを固く守って動かないようにするということ。そうすれば、相手の内心を心で見抜き、言葉を心で聞き取り、自らの意志力を安定させることが可能になるのです。

物事を大いなる虚空において思考し、「神」が心に往来するのを待つ。天地が開閉するのを見て、万物が生み出され変化するあり様を知り、陰陽の始まりと終わりを見て、人間社会の統治の本質を見抜く。

扉から出ずに天下を知り、窓から見ないで天の「道」を見る。見ずともそれを正しい名で呼び、出ていかずともその場に至る。これを「道知（「道」に則った知恵）」といい、これは神秘的で明らかな働きを悟り、外界の無限の変化に応じ、心に「神」が宿った状態なのです。

計謀は存亡の枢機なり。慮会さざれば則ち聴きて審らかならず、之を候うも得ず。計謀失わば則ち意信ずる所無く、虚にして実無し。故に計謀の慮、務めは実意に在りて、実意は必ず心術より始む。無為にして五臓を安静にし、六腑を和通するを求め、精神魂魄《はく》[1]固く守りて動かざれば、乃ち能く内視、反聴[2]して志を定む。之を太虚[3]に慮りて、神の往来を待つ[4]。以て天地の開闢を観て、万物の造化せらるる所を知り、陰陽の終始を見て、人事の政理を原ぬ。戸を出でずして天下を知り、牖《まど》を窺わずして天道を見、見ずして命《なづ》け、行かずして至る[5]。是れ、道知と謂う。以て神明に通じ、無方[6]に応じ、神宿るなり。

1　**精神魂魄《はく》……原文同じ。**

「精」は『管子』内業篇に「精は気の精なる者なり」とあり、『鬼谷子』でも「五気を精にし」（257ページ）という表現があるので、おそらく純粋な気のこと。「神」はこれまで述べられてきた通り。「魂」と「魄」は『淮南子』主術訓に「天の気は魂と為り、地の気は魄と為る」とあり、それぞれ天の気と地の気を受けて生じた人間の魂を指しており、『鬼谷子』でもそれに近い意味だと思われる。いずれにせよ、この四字で心の全体を指していることは間違いない。

2 **内視、反聴……原文同じ。**
「内視」「反聴」は心で見て心で聞くこと（許富宏注）。「反聴」については、先に見たように反応篇に「故に善く反聴する者は、乃ち鬼神に変じて以て其の情を得（正しく心で聴く者は、精霊のように変化して相手の内心を把握する）」とある。

3 **太虚……原文同じ。**
大いなる虚空の意味。「道」の別名。『荘子』知北遊篇に「崑崙《こんろん》を過《よぎ》らず、太虚に遊ばず（（道を知らない者は）崑崙山の高みを訪れることも、大いなる虚空に遊ぶこともない）」とある。

4 **神の往来を待つ……原文「待神往來」。**
「神」を「往来」するものとする考え方については、『管子』内業篇に「神、自ずから身に在りて、一往一来し、之を能く思うもの莫し（神は人の身にあって常に往来しているが、これを認識できる者はいない）」という表現がある。

5 **戸を出でずして天下を知り、牖《まど》を窺わずして天道を見、見ずして命《なづ》け、行かずして至る……原文「不出戸而知天下、不窺牖而見天道、不見而命、不行而至」。**
『老子』第四十七章にほぼ同文がある。

6 **無方……原文同じ。**

「方」は形のこと。「無方」で「無形」と同じく無限の変化を指す。

【補説】

この節では、心の気に安静と調和を得て、無我夢中に集中した「一」の状態を保てば、感覚器官が働き、相手の考えや周囲の状況をはっきり見抜くことができるようになることを説きます。

計謀者、存亡之樞機。慮不會則聽不審矣、候之不得。計謀失矣則意無所信、虚而無實。故計謀之慮、務在實意、實意必從心術始。無爲而求安靜五臟、和通六腑、精神魂魄固守不動、乃能內視、反聽、定志。慮之太虚、待神往來。以觀天地開闢、知萬物所造化、見陰陽之終始、原人事之政理。不出戸而知天下、不窺牖而見天道、不見而命、不行而至。是謂道知、以通神明、應於無方、而神宿矣。

心の勢いを分散するには伏せた態のように

相手の心の勢いを分散するには、事前に「神」によって心の勢いを伏せて隠しておくことが重要です。

意志力を安静かつ確固とした状態にすることで「神」が心に宿れば、心の勢いは伏せられた状態で盛んとなる。心の勢いが伏せられて盛んであれば、自分の内側が充実してしっかりとする。内側が充実してしっかりしていれば、これに匹敵するものはなくなるのです。

このように匹敵するものがない状態になっていれば、いざ動き出したときに相手の心の勢いを分散して動揺させること天の如し、こちらの充実で相手の虚ろを取り、こちらの有で相手の無を取るのは、鎰《いつ》の重さではるかに軽い銖《しゅ》の重さをはかるが如し、なのです。

動く者とは必ず何かに従って動きはじめるのであり、唱える者とは必ず何かに合わせて唱えはじめるものです。

だからこそ、指を一本わずかに曲げるように微妙に動いてみて、その及ぼす影響を見てみる。そのような慎重な姿勢でいれば、いざ動き出して、こちらの姿が形として現れたとしても、そのスキをつくことができる者はいなくなるのです。

自分が動いた結果としてどのように反応するのかを審らかに知り、スキをスキとして見抜き、それから実際に動き出せば、相手の心の勢いを分散することができる。動こうと思うのならば、必ず事前に意志力を養い、心の勢いを伏せて隠しておいて、相手の心のスキを見出すのです。

このように心の勢いをいったん伏せてから動くことの堅固さと充実を知っている者は、自分を養っていることになります。しかし、その動きの主導権を相手に譲れば、逆に相手の意志力を養うことになるのです。

内に「神」が存在すれば外に武力を使うまでもない。そんな境地を外に現す形と内なる心の勢いとして実現するのです。

分威は伏態[1]に法る

分威は神の覆[2]あればなり。故に意を静かにして志を固くし、神を其の舎に帰すれば則ち威覆して盛んなり。威覆して盛んなれば則ち内実堅なり。内実堅なれば当る莫し。当る莫ければ則ち能く以て人の威を分かち、其の勢を動かすこと其の天の如し。実を以て虚を取ること、有を以て無を取ること、鎰を以て銖を称《はか》るが如し。[3]故に動く者は必ず随い、唱う者は必ず和す。其の一指を撓《ま》げて其の餘次を観る。動変して形見《あらわ》れて、能く間[4]する者無し。唱和に審らかにして、間を以て間を見、動変明らかにして威分かつべきなり。動変を将欲《ほっ》せば、必ず先ず養志伏威して以て間を視る。其の固実を知る者は自ら養うなり。己を譲る者は人を養うなり。故に神存し兵亡ぶ。乃ち之が形勢を為す。[5]

1 **伏熊……原文同じ。**

獲物にとびかかる前にいったん伏せている熊。相手の精神的勢いを分散する前の準備をそれになぞらえた。陶注に「熊が獲物をとらえるには、必ずまず伏せてから動く（熊の搏撃《はく》するは必ず先ず伏せ後に動く）」とある。

2 **覆……原文同じ。**

この「覆」は「伏」。伏せておく意味（許富宏注）。

3 **鎰を以て銖を称《はか》るが如し……原文「若以鎰稱銖」。**

鎰も銖も重さの単位。一鎰は二十四両、一両は二十四銖（陶注）。つまり、一鎰は五七六銖。一方に軽い分銅をのせた天秤のもう一方にそれよりはるかに重い分銅をのせ、一気に傾くさま。『孫子』軍形篇にも「勝兵は鎰を以て銖を称るが若し」という同じ表現が見られる。

4 **間……原文同じ。**

心のスキの意。

5 **乃ち之が形勢を為す……原文「乃爲形勢」。**

「形」は中ほどにある「動変して形見《あらわ》れて（いざ動き出して、こちらの姿が形として現れたとしても）」に見られる意味での「形」であり、外に現れる形のこと。「勢」は心の勢い。

【補説】

この節では、いくら気力が充実していても、自信満々であっても、そうした心の勢いを事前には伏せ、動かそうとする相手に感じ取らさせてはいけないという教えが説かれます。

相手に対して心理的優位に立つには、心の勢いを隠しつつ、ひそかに十分な情報収集を行い、周到な謀略を練ることで、充分な心構えを作っておき、一方で相手には一切それをさせないのが理想であり、タイミング的にも謀略の内容的にもスキ（「間」）をつかせず、スキをつくことが重要なのです。

分威法伏熊

分威者、神之覆也。故靜意固志、神歸其舍、則威覆盛矣。威覆盛則內實堅、內實堅則莫當、莫當則能以分人之威、而動其勢、如其天。以實取虛、以有取無、若以鎰稱銖。故動者必隨、唱者必和。撓其一指、觀其餘次。動變見形、無能間者。審於唱和、以間見間、動變明而威可分也。將欲動變、必先養志伏意以視間。知其固實者、自養也。讓己者、養人也。故神存兵亡、乃爲之形勢。

心の勢いを分散するには鷙鳥《しちょう》のように

相手の心の勢いの分散は、「神」の働き次第です。

これを行うには必ず相手の心のスキに従って動く必要があります。

心の勢いを静かに隠しつつ内で盛んにしておき、相手のスキを押し広げて、そこをつくようにすれば、相手の心の勢いは分散されます。

心の勢いを分散された者は、心が虚ろになって意志力が過剰になり、そのまま衰えて心の勢いを失い、純粋な気と「神」がさまようようになった結果、その言葉は口から出ても一貫せずに右往左往することになります。

そして、相手の意志力がどのようであるかを基準とし、その基準から相手の言葉をはかり、相手の「事」をはかり、状況への変化（円）と確固たる策（方）を尽くし、物事の劣ったところ（短）と優れたところ（長）を適切に整えてスキをつくのです。

相手の心にスキがなければ心の勢いを分散することはできません。逆に言えば、スキを待って動けば心の勢いは必ず分散されるのです。

正しくスキをとらえる者は、必ず内に自らの「五気」を純粋にし、外に相手の意志力が虚ろであるか充実しているのかを把握し、いざ動けばここで説かれた分散の教えの実質を失わない。

いざ動けば相手の意志力のあり様に従って、相手の謀略を知るのです。
心の勢いとは利害を決するものであり、変化に適応するための力です。心の勢いで敗れた者は、相手の心を「神」によって静かに観察することができなくなってしまうのです。

散勢は鷙鳥[1]に法る

散勢は神の使いなり。之を用うるは必ず間に循いて動く。威粛、内盛んにして間を推して之に行えば則ち勢散す。夫れ散勢せらるる者は、心虚にして志溢れ[2]、意衰え威失い、精神専らならず、其の言外にして多変なり。故に其の志意を観て度数と為し、乃ち以て説を揣《はか》り事を図り、円方を尽くし、短長を斉《ととの》う。間無ければ則ち散勢せず。散勢する者は間を待ちて動き、動けば勢分《わか》たる。故に善く間を思う者は、必ず内に五気を精にし、外に虚実を視、動きて分散の実を失わず。動けば則ち其の志意に従いて其の計謀を知る。勢は利害の決、権変の威なり。勢敗るる者は神を以て粛察せざるなり。

1　**鷙鳥……原文同じ。**
鷹や鷲のような猛禽類。相手のスキ（間）に従って心の勢いの分散を行うさまを、獲物のスキをとらえて一気に空中から降下しとらえる猛禽類になぞらえている。『孫子』勢篇に「鷙鳥の撃ちて毀折に至る者は節なり（鷙鳥が獲物を打ち砕くのは、一瞬のスキをとらえるからだ)」とある。

2

夫れ散勢せらるる者は、心虚にして志溢れ……原文「夫散勢者、心虚志溢」。

従来、多くの訳が「散勢者」を「心の勢いを分散する者は」と能動的にとらえ、続く「心虚志溢」で文を一度切って「心を虚静にして意志力を満ち溢れさせる」のように望ましい状態の描写として解釈する。しかし、本経陰符七術においては、「志失いて心気虚なれば則ち其の神を喪う」(意志力を養うには霊亀のように)、「実を以て虚を取り、有を以て無を取ること、鎰を以て銖を称《はか》るが如し」(心の勢いを分散するには伏せた熊のように)などを見ても分かるように、「虚」は一貫して心にとって望ましくない状態として扱われている。したがって、この箇所は続く文とひとかたまりで、心の勢いを分散された側の衰弱したあり様を説いていると解釈した。

【補説】

前節では、心の勢いを伏せて隠しスキを見せないという教えが説かれ、この節からは逆に相手のスキをつくことの重要性について説かれます。

ここで言う相手のスキ(「間」)とは、「相手の言葉をはかり、相手の「事」をはかり(説を揣り事を図り)」とあることから分かるように、具体的には言葉のスキ、相手のなそうとしていること(「事」)のスキです。

そして、そのスキを相手の意志力のあり様(例えば、何にどのくらいの気持ちで取り組んでいるのか）から見抜き、手段を尽くしてそれをついていくことで心理的有利に立つことができるというのが、この節の教えです。

散勢法鷙鳥

散勢者、神之使也。用之、必循間而動。威肅內盛、推間而行之則勢散。夫散勢者、心虛志溢、意衰威失、精神不專、其言外而多變。故觀其志意爲度數、乃以揣說圖事、盡圓方、齊短長。無間則不散勢。散勢者、待間而動、動而勢分矣。故善思間者、必內精五氣、外視虛實、動而不失分散之實。動則隨其志意、知其計謀。勢者、利害之決、權變之威、勢敗者、不以神肅察也。

「転円」は猛獣のように

「転円」とは、無限の変化による方法論です。

無限の変化とは、常に聖人の心を保って、計り知れない知恵に基づき、「心術」によって感覚器官を開き相手を熟知すること。

その際、自らの内側で「神」と「道」が入り混じって「一」（一体）となり、状況に従って万物の「類」を論じ分け、話の筋道を無限に変化させつつ説くのです。

謀略にはそれぞれ、その時々の形があります。

あるものは変化する「円」であり、あるものは確固たる「方」である。あるものは「陰」の性質を持ち、あるものは「陽」の性質を持つ。あるものは吉の結果につながり、あるものは凶の結果につながる。そこに含まれる「事」の「類」も同じではないわけです。

そこで、聖人はこうした謀略の持つはたらきを念頭に置き、自由に変化（転円）しながら、相手に合わせて用いようとするのです。

万物を作り出し変化させる「道」の働きとともにある者は、物事を始めるにあたって、一挙手一投足に大いなる「道」を含み、神秘的かつ明らかな境地を見るのです。

転円[1]は猛獣[2]に法る

転円は無窮の計なり。無窮なる者は、必ず聖人の心を有《たも》ちて、以て不測の智に原《もと》づき心術に通ずるなり。神、道、混沌して一をなし、変を以て万類を論じ、義を説くこと無窮なり。智略計謀、各おの形容有り。或いは円、或いは方、或いは陰、或いは陽、或いは吉、或いは凶にして事の類同じからず。故に聖人は此の用を懐《おも》い、転円して其の合を求む。故に造化と与《とも》にする者は始めを為して、動作は大道を包まざる無く、以て神明の域を観る。

1 **転円……原文同じ。**外界の状況に合わせて柔軟に変化すること。それを切れ目なく端もない円の図形と、それが転がる様で象徴した表現。内揵篇にあった「環転因化」、忤合篇にあった「化転環属」という表現も、「環」とは「円」であり、「転円」と同じ意味。

2 **猛獣……原文同じ。**伏熊、鷙鳥の総称かもしれない。だとすれば、「心の勢いを分散するには伏せた熊のように」「心の勢いを分散するには鷙鳥のように」で説かれた、相手の心の勢いを分散する術に共通して関わる教えとして、本節の説く自由な変化の姿勢「転円」があると、このタイトルを付けた人物は考えたことになる。

【補説】

この節からは、謀略や言葉など、物事には様々な「類」があることを前提に、動かす対象や状況の「類」に従って自由自在に変化しながら、最適な「類」のものを選んで実行していく「転円」の教えが説かれます。

轉圓法猛獣

轉圓者、無窮之計。無窮者、必有聖人之心、以原不測之智而通心術。而神道混沌爲一、以變論萬類、説義無窮。智略計謀、各有形容。或圓或方、或陰或陽、或吉或凶、事類不同。故聖人懐此用、轉圓而求其合。故與造化者爲始、動作無不包大道、以觀神明之域。

＊

天地は極まることがなく、人間のなすべき「事」は無限の変化をし、それぞれが特定の「類」をなしています。その人間の持つ謀略を見れば、吉か凶か、成功するか失敗するかの行く末があらかじめ分かるのです。

変化（転円）は、その変化が吉である場合もあり、あるいは凶である場合もあります。だからこそ、聖人は「道」の法則に照らして、あらかじめ生きるか亡ぶかの行く末を知ろうとし、そうしてからいかに変化（転円）し、いかに現実（方）に従うかを判断するのです。

変化（円）は相手に合わせた言葉を生むきっかけとなり、現実（方）は「事」を中止するきっかけとなります。そして、変化する（円）ためにはお互いの謀略を見極める必要があり、実際に相手と接触する（方）ためには自分の進退の持つ意味を見極める必要があるのです。

そして、実際に接触する場面で相手を見るには、まず相手との間に関係性を作り、それからその言葉に接するようにしなければなりません。


天地は無極、人事は無窮にして、各おの以て其の類を成す。其の計謀を見て、必ず其の吉凶成敗の終わる所を知る。[1] 転円は、或いは転じて吉、或いは転じて凶、聖人、道を以て先ず存亡を知り、乃ち転円して方に従うを知る。円は合語する所以、方は事を錯《お》く所以なり。転化は計謀を観る所以、接物は進退の意を観る所以なり。皆其の会を見るに、乃ち要結を為し以て其の説に接するなり。[2]

1　**必ず其の吉凶成敗の終わる所を知る……原文「必知其吉凶成敗之所終」**。『管子』心術下篇に、心と意志力を集中した結果として「能く卜筮すること毋くして、凶吉を知らんか（占わずして吉凶を知ることができる）」とある。当時、心術を極めた者については、占いに頼らずとも目の前の現実から直に未来の吉凶を読み取る「占わない占い師」

のようなイメージがあったのかもしれない。

2

皆其の会を見るに、乃ち要結を為し以て其の説に接するなり……原文「**皆見其會、乃爲要結以接其說也**」。

「要結」は、重要な結びつき、関係性の意。より具体的に、「内揵」を指すと考えてもいいかもしれない。この文全体の意味する所としては、まずは相手との関係性を作り、その関係性の中で出てきた言葉、言わば「事」を表す本音に接してはじめて、相手に対する進退の判断ができるということ。

天地無極、人事無窮、各以成其類。見其計謀、必知其吉凶成敗之所終。轉圓者、或轉而吉、或轉而凶、聖人以道先知存亡、乃知轉圓而從方。圓者、所以合語、方者、所以錯事。轉化者、所以觀計謀、接物者、所以觀進退之意。皆見其會、乃爲要結以接其說也。

「損兌《そんたい》」は霊蓍《れいし》のように

損兌は危機を見た際に決断すべきことです。「事」には状況と合っているかどうかということがあり、物事には成功と失敗がある。必ず事前に危機のうごめきを察するようにしなければならないのです。

だからこそ、聖人はことさらに行動せず、道の働きにかなった人間を待ち、相手の言葉から「事」を察し、その「事」に合う言葉をかけるのです。

物事に空いた穴（「兌」）、つまり危機の芽は知るべきことであり、それを小さくしておく（「損」）のは行うべきことなのです。

あらかじめ危機の芽を小さくしておいてから、相手を説得して動かす。事前に不可能な要素があれば、聖人は相手に言葉をかけないものなのです。

そして、智者は下手な言葉をかけることで相手の言葉を失うようなことはしません。自分の口から出る言葉については煩雑にせず、心を虚ろにせず、意志を乱さず、それを邪なことに向けることもしないのです。

どのくらい難しいのかを見たあとに謀略を作り上げ、「道」の自然な動きに従うことで自分の意志力を充実させる。また、状況に応じて変化しつつ策を練る間（円）は安易に動かず、いったん実行（方）に移せば止まらない。これを「大功（大いなる成功）」というのです。話のある点を誇張したりある点を目立たなくしたりすることで、常に相手に合った話を作り上げ、相手の心の勢いを分散するための謀略を用いる。その中で危機の芽、あるいは危機そのものを見れば、それを防ぐための決断をするのです。

このようにうまく危機の芽を小さく（「損兌」）する者は、千仞《せんじん》の高さの堤を一気に切り落として水を流し、万仞の深さの谷に丸い石を転がすような勢いを持つ。目に見える行動もそれに伴う心の勢いも必ずそうなるのです。

損兌[1]は霊蓍[2]に法る

損兌は機危の決なり。事に適然有り、物に成敗有り。機危の動、察せざるべからず。故に聖人無為を以て有徳を待ち、言、辞を察して事に合す。兌は之を知るなり。損は之を行うなり。之を損し之に説く。物に可ならざる者有らば、聖人之が辞を為さず。故に智者は言を以て人の言を失わず、故に辞、煩ならずして心、虚ならず、志、乱れずして意、邪ならず。其の難易に当りて後に之が謀を為し、自然の道に因りて以て実を為す。円は行かず、方は止まらず、是れを大功と謂う。之を益し之を損し、皆之が辞を為し、分威散勢の権を用い、以て其の兌威、其の機危を見て、乃ち之が決を為す。故に善く損兌する者は、譬うれば千仞之堤に水を決し、万仞之谷に円石を転ずるが若し。而《しこう》して能く此れを行う者、形勢然らざるを得ざるなり。

1　**損兌……原文同じ。**

ここでの「損」「兌」の字については様々な解釈が可能だが、ここでは「兌」は物事に空いた穴の意味にとり、抵巇篇の「巇《ひび》」と同じく危機の予兆を言うと解釈し、「損」はそれを小さくすることとした。

2　**霊蓍……原文同じ。**

蓍《めどぎ》とは易の占いに用いる草。先に見た吉凶を事前に知る霊獣である霊亀、螣蛇の総称かもしれない。だとすれば「意志力を養うには霊亀のように」「意志力を充実させるには螣蛇《とうだ》のように」の説く、意志力を養う段階に共通する教えという含みがあることになる。

【補説】

この節では、謀略を実行し言葉で人を動かすには、事前に危機の芽（「兌」）を最小化しておくことが必須であり、そのように不安要素を取り除いておくことではじめて相手を圧倒する心の勢いが生まれるという教えが説かれます。

損兌法靈蓍

損兌者、機危之決也。事有適然、物有成敗、機危之動、不可不察。故聖人以無爲待有德、言察辭合於事。兌者知之也。損者行之也。損之説之。物有不可者、聖人不爲之辭。故智者不以言失人之言、故辭不煩而心不虛、志不亂而意不邪。當其難易而後爲之謀、因自然之道以爲實。圓者不行、方者不止、是謂大功。益之損之、皆爲之辭、用分威散勢之權、以見其兌威、其機危、乃爲之決。故善損兌者、譬若決水於千仞之堤、轉圓石於萬仞之谿。而能行此者、形勢不得不然也。

持枢《じすう》

本章では、天の運行と同じように君主にも天に与えられた正しい運行があることを説いている。これはおそらく冒頭部にすぎず内容と分量から見て続く箇所が失われている。ここで推測すると、残る箇所は、君主に向けて正しい運行に従っての統治を説くものか、あるいは下から君主を動かす者に向けて、君主が運行上どういった時期にあたるのかを把握せよと勧めるものだったのかもしれない。

——天の運行に従う

「枢《とぼそ》（門を開閉する際の回転軸）を握る」とは、春に芽生えて、夏に成長し、秋に収穫して、冬蓄えておくという天の正しい運行に従うことを言うのです。こうした運行には決して背き逆らうことはできません。これに逆らった物事は、できあがったとしても最後に必ずだめになる。そして、君主にもまた「天枢（天に与えられた正しい運行）」があるのであり、時期に従って、芽生え、成長し、収穫し、蓄えるのです。こうした運行には決して背き逆らうことはできません。これに逆らった人間は、権勢を誇ったとしても最後に必ず衰える。

　これが天の「道」、君主についての大原則なのです。

　枢を持すとは、春生じ、夏長じ、秋収め、冬蔵す、天の正を謂うなり。之を干《おか》して逆らうべからず。之に逆らう者、成すと雖も必ず敗る。故に人君も亦た天枢有りて、生、養、成、蔵す、また之を干して逆らうべからず。之に逆らう者、盛んなりと雖も必ず衰う。此れ、天道、人君の大綱なり。[1]

1　**此れ、天道、人君の大綱なり……原文「此天道、人君之大綱也」**。
万物をつかさどる「道」と人民を統治する君主は同じ原則で動いているということ。「道」

と君主を類比的に見る仕方については、『老子』第二十五章にも「道は大なり。天は大なり。地は大なり。王も亦た大なり。域中に四大有りて、王は其の一に居る（「道」は「大」である。天は「大」である。地は「大」である。王もまた「大」である。世界には「四大」があり、王はその一つなのだ）」とある。

持樞、謂春生、夏長、秋收、冬藏、天之正也、不可干而逆之。逆之者、雖成必敗。故人君亦有天樞、生、養、成、藏、亦※不可干而逆之。逆之者、雖盛必衰。此天道、人君之大綱也。

※底本は「亦」に続いて「復」の字があるが嘉慶十年本に従ってとる。

中経

本章では、本経陰符七術で説かれた基本的な心の仕組みと「心術」をベースに、困難な事態に対応するための七つの術が挙げられている。

――中経の七術とは？

「中経」は、困窮を救い緊急にかけつけて、そこで施す術を説くものです。

言葉を巧みに操り、「徳」を持った人間が、身動きの取れなくなっている人間を救えば、そこで困窮していた者は恩を忘れません。

言葉を巧みに操る者は、善人の立場に立って広く恩恵を与え、「徳」を施す者は「道」による変化に従うもの。身動きの取れなくなっている人間を救う行為は、そうした術を知らない人間を養って自分のために使うことになるのです。

士たる者は、世を渡るにあたって、その時々の危機に見舞われます。

そんな中で、ある者は危機に対して柔軟に変化することで兵難を生き残ることとなり、ある者は言葉で危機を切り抜ける者に嫉妬し害する立場となり、ある者は危機の中で「徳」を放棄してでも一世の雄を目指すこととなり、ある者は弾圧・拘留されて罪人とされ、ある者は乱世を憂えて一人自らを清く保つことになり、ある者は不遇に不遇を重ねて遂に身を立てる結果となる。

そして、「道」においては、人を制することが貴ばれ、人に制せられることは貴ばれません。人を制する者は相手をはかって主導権を握り、人に制せられる者は運命を失うのです。だからこそ、以下に述べる「見形為容、象体為貌」、「聞声知音」、「解仇闘郄《かいきゅうとうげき》」、「綴去《てつきょ》」、「却語」、「摂心」という術があるのです。
「本経陰符七術」は「道」に従うための原則であり、実際の行動の中での変化の要点は「持枢」「中経」の教えの中にあります。

中経は窮を振い急に趨《おもむ》きて之を施すを謂う。能言厚徳の人、拘執を救わば、窮者恩を忘れざるなり。能言なる者は、善に儔《たぐい》し博く恵み、徳を施す者は道に依る。而して拘執を救う者は小人[1]を養使するなり。蓋し士、世に遭うに時危を異にす。或いは因りて闐《てん》坑[2]を免《しこう》るに当り、或いは能言を伐害するに当り、或いは徳を破りて雄為るに当り、或いは抑拘せられて罪を成すに当り、或いは寂寂として自ら善くするに当り、或いは敗れ敗れて自ら立つに当る。故に道は人を制するを貴び、人に制せらるるを貴ばざるなり。人を制する者は権を握り、人に制せらるる者は命を失う。[3]是を以て、「見形為容、象体為貌」、「聞声知音」、「解仇闘郄」、「綴去」、「却語」、「摂心」、「守義」あり。本経の記事は、道数を紀《しる》し、其の変の要[4]は持枢、中経に在り。

1　**小人……原文同じ。**
「小人」は『論語』『墨子』『荘子』など先秦諸家において、各派の主張する教えをわきまえない人間を指す表現として使われた。

2　**闐《てん》坑……原文同じ。**

兵難の意味。陶注に「時、兵難有りて溝壑《こうがく》に転死するを謂う（兵難にあって、戦場に掘られた溝の中に転げ落ちて死ぬ様をいう）」とある。

3　**故に道は人を制するを貴び～人に制せらるる者は命を失う……原文「故道貴制人～制於人者、失命」**。謀篇（192ページ）に「事は人を制するを貴び、人に制せらるるを貴ばず。人を制するは権を握るなり、人に制せらるるは、命を制せらるるなり」というほぼ同じ言葉がある。

4　**其の変の要……原文「其變要」**。この場合の「変」は「本経陰符七術」の「心の勢いを分散するには伏せた熊のように」で見た「動変して形見《あらわ》れて」の「動変」であり、理論や準備段階に対する実際の行動の段階を指す。すなわち、「中経」における以下の内容は、「本経陰符七術」の「心術」の理論をベースとした精神・心にまつわる実践として読むべきだということになる。

中經、謂振窮趨急、施之。能言厚德之人、救拘執、窮者不忘恩也。能言者、儔善博惠、施德者、依道。而救拘執者、養使小人。蓋士遭世異時危、或當因免闐坑、或當伐害能言、或當破德爲雄、或當抑拘成罪、或當戚戚自善、或當敗敗自立。故道貴制人、不貴制於人也。制人者、握權、制於人者、失命。是以見形爲容、象體爲貌、聞聲知音、解仇鬭郄、綴去、卻語、攝心、守義。本經記事者、紀道數、其變要在持樞、中經。

心のスキを隠す「見形為容、象体為貌」の術

「見形為容、象体為貌（見せたい人物像の外形を表現することで容姿を作り、見せたい人物像の体面をかたどることで風貌を作る）」という術は、外に見える形から内実を読み取るという『易』の占いにおける「爻《こう》」の仕組みを用いたものです。

人間の本心や心のスキは、その外見を見て、その風貌から現れるものを読み取って把握されることになります。

だからこそ、術を固く守る人は、よくないものには視線を送らないようにし、よくない話は耳に入れないようにし、言うことは『詩経』『書経』にのっとり、行うことは常識に外れないようにし、「道」によって形を作り、「徳」によって外見を作るのです。

こうして、風貌が荘重で表情が温和になれば、風貌を読み取って、本心を把握することは不可能になります。

ここにいたって、自分の本心を隠し、心のスキを塞いで逃げ切ることができるのです。

形を見《あらわ》して容を為し、体を象りて貌を為すとは、爻[1]の之が為に生ずるを謂うなり。影響、形容[2]を以て、貌を象りて之を得べきなり。有守の人、目に非を視ず、耳に邪を聴かず、言は必ず詩書[3]、行いは淫僻ならず。道を以て形を為し、徳を以て容を為す。貌、荘、色、温にして、貌

を象りて之を得べからず。是くの如くんば、情を隠し郤《げき》を塞ぎて之を去る。

1 **爻……原文同じ。**

古代中国の占筮のバイブルである『易』では、陰（⚋）と陽（⚊）の組み合わせを六つ重ねることで六十四種類の結果（「卦」と呼ぶ）を得るが、この「卦」に含まれる六つの陰陽の一つ一つのことを「爻《こう》」と呼ぶ。『易』では「爻」一つ一つにも特有の意味があるとされ占いの参考にされる。ここでの要点は、占いにおいて「爻」の陰（⚋）あるいは陽（⚊）という外見に深い意味を読み取るのと同様に、人の内面もまたその外見から読み取ることができるということである。この比喩には「本経陰符七術」中「転円は猛獣のように」で見た、目の前の現実から直に未来の吉凶を読み取る「占わない占い師」としての心術者のイメージがあるのかもしれない。

2 **影響、形容……原文同じ。**

「影響」「形容」の意味はいずれも、外に見せる姿の意味。

3 **詩書……原文同じ。**

すなわち、こうした古典に則ることで当時の正統的な価値観から外れないようにするということ。「内揵」篇の訳注参照（91ページ）。

【補説】

この節では、自分の本心や心のスキを相手に把握されないようにするには、外面と行動を堅実かつ穏当なものに作り上げる必要があるという教えが説かれます。

見形爲容、象體爲貌者、謂爻爲之生也。可以影響形容、象貌而得之也。有守之人、目不視非、耳不聽邪、言必詩書、行不淫僻。以道爲形、以德爲容。貌莊色溫、不可象貌而得之、如是隱情塞郄而去之。

お互いの相性を察する「聞声知音」の術

「聞声知音（声の調子を聞き、音階の実質を知る）」とは、声に含まれる気が同類でなければ、いつくしみの気持ちが交わり合うことはないことを言います。「商」と「角」の音階は二つ鳴らして調和することはなく、「徴《ち》」と「羽」の音階は並べて演奏されることはありません。この四つの音をまとめあげることができるのは「宮」の音階だけなのです。

音声とは、お互いに調和していなければ悲痛に響くものです。

これはすなわち、調和していない音声の調子は、気を分散し、傷ましく聞こえ、醜く響き、気分を害するものだということであり、それと同様にこちらと調和しない相手の言葉は、必ず聞いていて耳に不快な感じがするものなのです。

話していてこうした感じがする相手については、優れた行いや輝かしい名誉があっても、「比目の魚、合翼の鳥」のような一心同体を期待することはできません。これは心の気が合わず、お互いの音声が調和していないということなのです。

声を聞きて音を知るとは、声気同じからずして恩愛接せざるを謂う。故に商、角[1]二つながら合せず、徴、羽相配せず、能く四声の主為る者、其れ唯だ宮か。故に音和せざれば則ち悲なり。

是れ、声を以て散傷醜害する者にして、言、必ず耳に逆らうなり。美行盛誉有りと雖も、比目合翼[2]して相い須《もと》むべからざるなり。此れ、乃ち気合わず、音調《ととの》わざる者なり。

1　**商、角……原文同じ。**伝統的な中国の音楽の音階は「宮」「商」「角」「徴《ち》」「羽」の五つ、いわゆる「五声」で構成される。ここでは、音楽的な音階の調和と、相手と言葉を交わす際のお互いの調和が重なる形で論じられている。

2　**比目合翼……原文同じ。**二匹が合わさって一匹として泳ぐ魚、二羽並んで一羽として飛ぶ鳥を指す。「比目」については反応篇にすでに「比目之魚」という語があった。

【補説】

この節では話す声に含まれる気（声気）の作用について説かれます。話をしていてなんとなく不快な感じのする相手というのは、『鬼谷子』に言わせれば、声に含まれる気の「類」が合っていないのです。そうした相手と「事」に取り組むことは避けるべきだというのが、ここで説かれる教えです。

聞聲知音者、謂聲氣不同、恩愛不接。故商角不二合、徵羽不相配。能爲四聲主者、其唯宮乎。故音不和則悲。是以聲散傷醜害者、言必逆於耳也。雖有美行盛譽、不可比目合翼相須也。此乃氣不合、音不調者也。

感情的なスキをつく「解仇鬪郄」の術

「解仇鬪郄《かいきゅうとうげき》（恨みを解き、スキをついて戦う）」とは、弱い者の恨みを解くことを言い、スキをついて戦うとは強者と戦う場合のことを言っているのです。

スキのある強者は、いったん戦えば、勝者であることを喧伝し、成功を誇り、勢いを盛んにします。一方で弱者は、負けを哀しみ、みじめさを傷み、汚名を屈辱とし、祖先に恥じ入ることになる。

つまり、勝者の側は味方の成功と勢いを耳にすれば、やみくもに進んで退くことができなくなって自然とスキができるのであり、逆に弱者の側は、味方が負けを哀しんでいるのを耳にし、その傷んでいるのを目にすれば、強さは増し力は倍となり、死んでもよいとまで覚悟するようになるのです。

スキをつくことで強者に強大さがなくなり、恨みを解くことで弱者の守りに強大さがなくなっているのであれば、どちらも迫ってこちらの勢力に取り入れることができるのです。

仇を解きて郄と鬪うとは、羸微《るいび》の仇を解くを謂い、郄《げき》と鬪うは強と鬪うなり。強郄、既に鬪わば、勝者を称し、其の功を高くし、其の勢を盛んにす。弱者、その負くるを哀しみ、其の卑しきを傷み、其の名を汙《お》とし、其の宗に恥づ。故に勝者は其の功勢を聞かば、苟《かりそめ》に進みて退くを知らず。[1] 弱者は其の負くるを哀しむを聞き、其の傷むを見れば、乃ち強大力倍し、死するも是とするなり。郄に強大無く、禦《ふせ》ぐに強大無くんば、則ち皆脅して并すべし。

1 **苟《かりそめ》に進みて退くを知らず……原文「苟進而不知退」**。

「苟」は「いいかげんに」の意。強者のスキ（郄）の具体例として解釈した。

【補説】

ここでは、強者を相手にする場合は思い上がらせてスキをつき、弱者を相手にする場合は恨みを解くべし、という強者と弱者それぞれの抱く感情への対処が説かれます。

ここで見られる、おごった強者よりも哀しむ弱者が強いという発想は、『老子』の「兵を挙げて互角の状態であるときは、哀しむ者が勝つ（兵を抗《あ》げて相い加《し》かば、哀しむ者勝つ）」（第六十九章）という教えと共通しています。

解仇鬬郄者、謂解羸微之仇、鬬郄者、鬬強也。強郄既鬬、稱勝者、高其功、盛其勢。弱者、哀其負、傷其卑、汙其名、恥其宗。故勝者聞其功勢、苟進而不知退。弱者聞哀其負、見其傷、則強大力倍、死而是也。郄無強大、禦[※1]無強大、則皆可脅而并[※2]。

※1底本「御」。諸本に従って改める。

※2底本「並」。諸本に従って改める。

望む言葉で繋ぎとめる「綴去」の術

「綴去《てっきょ》（綴《つづ》って去る）」とは、こちら側から繋ぎとめる言葉を綴って、会った相手に余韻を残す術を言います。

信頼に足る人物と接触することができた場合は、相手の行いを称賛し、相手の意志を励まし、「できる」「言っている通りにできる」などといった言葉をかける。そうしたやりとりの中で、会えば喜びの感情が生まれるという期待を相手に持たせなければなりません。

つまり、相手の求めるものを引き出して吟味し、相手の言ってほしい言葉に結びつける。そうしておいて、こちらから別れがたいような態度をはっきり示しつつ去るのです。

綴りて去るとは、己の繋言を綴りて、余思有らしむるを謂うなり。故に貞信者に接するに、其の行いを称し、其の志を厲《はげ》まし、為すべく、復《ふ》むべくを言いて、之に会して喜ぶを期せしむ。他人の庶《ねが》いを以て引験して以て往に結び[1]、明らかにすること款款《かんかん》[2]にして之を去る。

1　**往に結び……原文「結往」**。
ここでの「往」は、反応篇の「己、反往すれば、彼、覆来す」の語を手掛かりに、「反往」、つまり相手への働きかけ、言葉をかける意味で解釈した。「往」を「過去」ととって、「相手の望むことを過去の成功事例と結びつけてみせる」意味とする解釈も成り立つ。

2 **明らかにすること款款《かんかん》にして……原文「明款款」。**

「款款」は心に望むものがある様。

【補説】

この節では、肯定感や自信といった喜びの感情を持たせるようにすることで「もう一度会いたい」と思わせるという、相手との面会を再会に結びつける術が説かれます。

綴去者、謂綴己之繫言、使有餘思也。故接貞信者、稱其行、厲其志、言可爲可復、會之期喜。以他人庶、引驗以結往、明款款而去之。

——弱みをついて関係を結ぶ「却語」の術

「却語（言葉を退却させる）」の術を実行するには、相手を観察して苦手な部分をうかがうこと。多くの言葉を口から出せば、必ずいくつもつけ入るべき弱みがあらわれてきます。それを知って、これを吟味するのです。

その上で、相手の忌み嫌うことで動揺させ、その時々の状況下で犯してはならないタブーを示せば恐れをなすでしょう。そうしてから、信頼関係を結び、相手を安心させ、弱みをつくような言葉は腹に収めてこれを退却させるのです。

逆に言えば、自分の苦手な部分を誰も彼もに見せてはいけないということでもあります。

語を却くとは、察して短を伺うなり。故に言多ければ必ず数《しばし》ば短の処有り。其の短を識り、之を験す。動かすに忌諱を以てし、示すに時禁を以てすれば、其の人恐畏す。然る後、信に結び以て其の心を安んじ、語を収め蓋蔵して之を却く。[1]己の能わざる所を多方の人に見《しめ》す無かれ。

1　**以て其の心を安んじ、語を収め蓋蔵して之を却く……原文「以安其心、收語蓋藏而卻之」**。
いったん相手の嫌うこと、状況下でのタブーを示して動揺させておいてから、今度は安心させる言葉をかけることで、相手がこちらを頼りにするような関係性を作るということ。

相手をプラスの感情とマイナスの感情の組み合わせでゆさぶる点は、飛箝篇で説かれる「飛箝」の術と内容的に重なる部分がある。

【補説】

この節ではいったん相手の弱みを突いて不安にさせ、その解決策をこちらに期待させることで、相手をこちらに依存させる術が説かれます。

卻語者、察伺短也。故言多必有數短之處。識其短、驗之。動以忌諱、示以時禁、其人恐畏。然後結信以安其心、收語蓋藏而卻之。無見己之所不能於多方之人。

――技芸を利用する「摂心」の術

「摂心（心をとらえる）」とは、技芸や「道」の術を学ぶことを好む相手に会ったときに、深遠さを前面に出すような方法を言います。

相手の心を「道」に従って吟味し、意表を突いた表現で驚かせれば、相手の心はこちらに繋ぎとめられます。

この術を人に施すには、まず相手の心を吟味して胸中にある心気の乱れとその原因を把握し、それを相手の前から取り去ってみせるのです。そうすれば、相手の本心をこちらに帰服させることができます。

例えば、酒色におぼれる相手と会ったなら、これのために術を施し、いったん音楽という技芸によって心を動かして、「人間は必ず死ぬし残された日も長くはない」という憂いをもよおさせる。そうしておいて、それを解消するような、相手が自分では気が付かない観点からの話をして喜ばせ、生きていることのすばらしさを感じさせるのです。それによって、再び会うようにさせることができるでしょう。

心を摂るとは、伎術[1]を学ぶを好む者に逢わば、則ち之が為に遠を称すを謂うなり。方《まさ》に之を道に験し、驚かすに奇怪を以てすれば、人、其の心を己に繋ぐ。之を人に効《いた》すは、験して其の前より乱を去りて、[2] 吾、誠[3]を己に帰す。酒色に淫する者に遭わば、之が術を為し、音楽もて之を動かし、以て必ず死し、生くる日の少なきの憂いを為す。喜ばすに自ら見ざる所の事を以てすれば、終に以て漫瀾の命を観て、後会有らしむべし。[4]

1　**伎術……原文同じ。**
技芸と「道」の術のこと（許富宏注）。

2　**験して其の前より乱を去りて……原文「驗去亂其前」。**
ここでの「乱」は「「損兌」は霊著《れいし》のように」に「志、乱れず（意志力が乱れない）」とあることなどを参考に、心の乱れの意味に解釈した。

3　**誠……原文同じ。**
本心の意味。「情」とほぼ同義。捭闔篇の訳注参照（47ページ）

4　**後会有らしむべし……原文「使有後會」。**
従来「会」を「会得」のような意味にとって、前文から続けて「生きていることのすばらしさを感じさせ、それを悟らせる」のような解釈がされることが多いが、これでは「摂心」がなんのための術であるのかはっきりしない。「本経陰符七術」や「中経」において「会」の字は、「意慮の交会（相手の意志力・思考との交わり）」（意志力を充実させるには騰蛇《とうだ》のように）に代表されるように、出会う・交流するの意味で使われている節がある。ここでも「会得」の意味よりも「出会う・交流する」の意味でとりたい。

【補説】

この節では、技芸を好む相手を技芸を用いた方法で魅了し、再び会うような流れに持っていくという方法論が説かれます。

攝心者、謂逢好學伎術者、則爲之稱遠。方驗之道、驚以奇怪、人繫其心於己、効之於人、驗去亂其前、吾歸誠於己。遭淫酒色者、爲之術、音樂動之、以爲必死、生日少之憂。喜以自所不見之事、終可以觀漫瀾之命、使有後會。

正しい人間とつながる「守義」の術

「守義（相手の心にかなうことに終始一貫する）」とは、終始一貫して相手の心にかなうことを前提とし、心を探る場合にも相手の内側から見てそれと合わせることを言う。

心を探るとは、深く心の主要な部分を把握することである。浅く外側から内心を制しようとすれば、「事」をなすにあたっても、見識の狭い人間とつながって、これに従わざるをえないことになります。

こうした術をわきまえない人間は相手と表面的には意気投合しても、結局は「道」にかなわないやり方でその相手を使うことになり、家は台無しになり国は奪われるまでに至るのです。これは、賢人・智者でなければ、家を守るために他人の心にかなう方法をとることはできず、国を守るために「道」にかなう方法をとることはできないということ（それほど「守義」の教は難しいものなのです）。

それでも、聖人がこうした「道」の微妙さを貴ぶのは、実に危機を転じて安泰にし、滅亡すべきものを救って生き残らせることができるからなのです。

守義[1]とは、守るに人の義を以てし、心を探るに内に在りて以て合するを謂うなり。心を探るとは、深く其の主[2]を得るなり。外より内を制すれば、事、曲と繋がりて之[3]に随う。故に小人、人を比せば則ち左道にして之を用い、能く家敗れ国奪わるるに至る。賢智に非ずんば家を守るに義を以てする能わず、国を守るに道を以てする能わず。聖人の道の微妙なるを貴ぶ所の者は、誠に其の以て危を転じて安と為し、亡を救いて存とせしむべきを以てなり。

1　**守義……原文同じ。**

陶注に「義は宜である。相手の内心を探るには相手の心にかなうところ（「宜」）に従い、一貫して相手の求めるところによって、これに合わせることである（義は宜なり。其の内心を探るに、其の人の宜しとする所に随い、欲する所を遂《お》いて以て之に合するなり）」とある。

2　**其の主……原文「其主」**。

心の主要な部分の意味。摩篇に「内符は揣の主なり（「内符」とは「揣情」の段階ではかっておくべき主たる対象です）」とあるのを考えると、さらに一歩踏み込んで、こちらの言葉に反応する「内符」と解釈してもいいかもしれない。

3　**曲と繋がりて……原文「繋曲」**。

「曲」は見識の狭い人物のこと。『荘子』秋水篇に「見識の狭い人間と「道」を語ることができないのは、自分の受けた教えにこだわるからだ（曲士、以て道を語るべからざるは、教えに束《しば》らるればなり）」という表現がある。

【補説】

この節では、謀略を実行し人を動かすには、相手の内心を深く探り、それを行動基準にしなければならないという教えが説かれます。

守義者、謂守以人義、探心[※]在内以合也。探心、深得其主也。從外制内、事有繫曲而隨之。故小人比人、則左道而用之、至能敗家奪國。非賢智不能守家以義、不能守國以道。聖人所貴道微妙者、誠以其可以轉危爲安、救亡使存也。

※底本「其」。道蔵本に従って「心」とする。

解説――『鬼谷子』に書かれていること

最後に改めて『鬼谷子』に書かれている内容のおおよそのところをキーワードとともに整理して紹介しておきます。

『鬼谷子』は説得術と謀略術

結論から書けば、『鬼谷子』に書かれているのは、「物事を成し遂げるために、いかに人を動かすか」についての理論と技術です。

縦横家にとって、物事を成し遂げるために動かすべき人間とは、王やその側近といった各国の権力者でした。彼らの持つ権力は今の時代の法律の制限を受ける権力とはわけが違います。極論すれば、気分次第でこちらを殺すこともできる権力なのです。

そんな彼らを、自らの身の安全を守りつつ、動かさなければならない。

その難しい課題を、『鬼谷子』は次の二つによって解決しようとします。

一、説得術……いかに言葉を用いて相手を動かすか？

二、謀略術……いかに動かすべき相手に近づき、危険な相手から去るか？

実際に本文を見ていけば明らかなのですが、この二つは別々のものではなく一対、渾然一体となって用いられるものです。つまりは、説得のための謀略であり、謀略のための説得です。

では、『鬼谷子』はどのようにしてこの二つによって人を動かそうとしたのか？

全体像を把握するためにも、その手順について見ていきましょう。

『鬼谷子』の説く人を動かすための手順

『鬼谷子』は、権力者を安全に動かすために、およそ次のような手順を想定しています（謀篇参照）。

つまり、まず周囲の状況の変化を見て（「変」）、なすべきことを決定し（「事」）、そのための謀略について考えて（「謀」）、誰をどう動かすのかの謀略を定める（「計」）。次に、その謀略に従って相手を動かすための具体的な文言を作ったら（「議」）、実際に相手の前に進み出て（「進」）、説得を実行する（「説」）。そして、相手を動かしたらすぐに去る（「退」）。

これが、身を守りながら権力者を言葉で動かすための手順であり、『鬼谷子』に書かれている内容は、どれもこのためのものだと考えていいでしょう。

そして、ここで一番のポイントは、出発点に「変」が置かれているということです。『鬼谷子』は現実の本質を「変化」であると見ています。ある時点におけるどんなに確固とした状況も次の時点で変化しかねない。それが変わらないという保証は絶対にない。これが『鬼谷子』の世界観です。

だからこそ、その中で生き、何かを成し遂げようとする人間もまた、その時々において適切な変化をしなければならない。すなわち、状況が変化すれば（「変」）、それに合わせて自分の中のなすべきこと（「事」）も変化させ、それに伴って謀略（「謀」「計」）も変化させ、それ以下の各ステップのあり方も変化させていく。これが、身を守りながら人を動かすための『鬼谷子』の発想なのです。

この柔軟な変化の姿勢を『鬼谷子』では「徳」あるいは「円」と呼びます。

『鬼谷子』の基本的フレームワーク1――「捭闔」

では、『鬼谷子』がどのように目の前の物事を分析するのか、それを見ていきましょう。

『鬼谷子』では、物事を「類」（タイプ）に分けて把握するという基本的な考え方があり、冒頭の捭闔篇では、そのベースとなる最も基本的な「類」である「捭闔《はいこう》」と「陰陽」について説明されます。

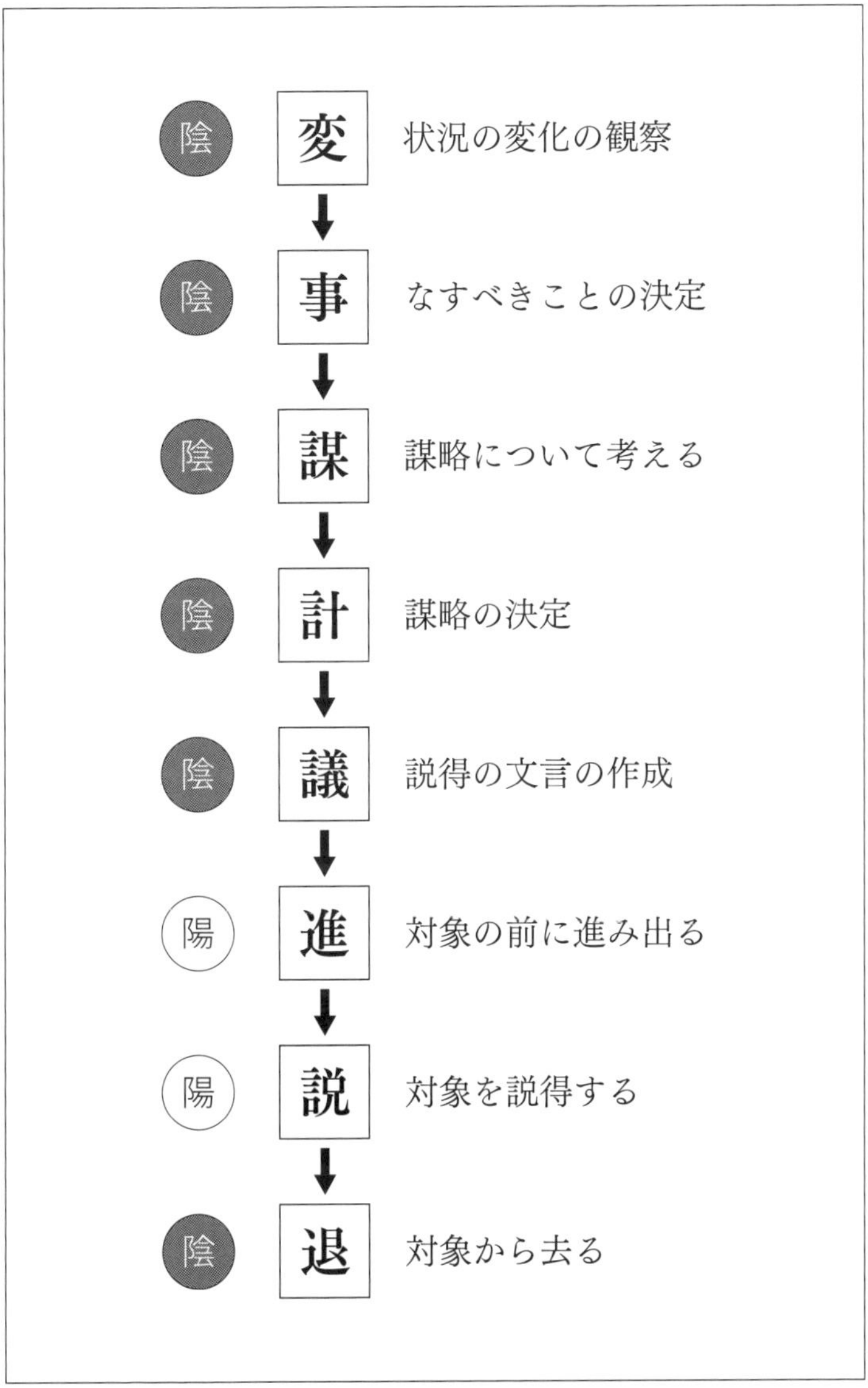
陰
変
状況の変化の観察
陰
事
なすべきことの決定
陰
謀
謀略について考える
陰
計
謀略の決定
陰
議
説得の文言の作成
陽
進
対象の前に進み出る
陽
説
対象を説得する
陰
退
対象から去る

まず「捭闔」について。「捭闔」とは、「開閉」と同じ意味です。では、何を開き閉じるのか？　それは口です。すなわち、口を開けば言葉が生まれ、閉じれば沈黙が生まれる。これは、話す行為（「捭」）と黙る行為（「闔」）、あるいは話す場面（「捭」）とそれ以外の黙っている場面（「闔」）を指す概念なのです。

『鬼谷子』では、この「捭（話す）」と「闔（黙る）」の区別をベースに、いかに話すか、いかに黙るか、話す場面とはどういうものか、黙る場面とはどういうものかというふうに説得や謀略について分析していきます。

その分析の最もベースとなる内容をごく簡単にまとめておくと、

話す行為……相手を言葉で動かすためのもの
黙る行為……本心を隠すためのもの
話をする場面……相手の本心を探るためのもの
それ以外の黙っている場面……ひそかに相手に就き、あるいは去るためのもの

といった感じになります。もちろん実際に本文を読んでいけば、もっと深い内容を読み取ることも可能です。

一般に西洋的な弁論術やそれに影響を受けた現代のコミュニケーション観では、いかに話す

か、話す場面で何をすべきかについては扱っても、いかに黙るか、黙っている場面で何をすべきかについてはほとんど扱いません。その点、『鬼谷子』では「捭」と「闔」、つまり話すことと黙ることを同じ重みで扱います。これは、現実の全体をとらえた注目すべき特徴だと言えるでしょう。

『鬼谷子』の基本的フレームワーク2――「陰陽」

さらに、「捭闔」の下位分類に「陰陽」というものがあります。

『鬼谷子』では、「捭闔の道、陰陽以て之を試む」（捭闔篇）と言われるように、話すか黙るか、いかに話すか黙るか、話す場面と黙る場面において何をするのか（「捭闔の道」）を考える上では、「陰陽」という、より具体的な分類が用いられます。

「陰」と「陽」は豊富なイメージ、連想を伴う概念であり、例えば捭闔篇には、「すなわち、長生き、安楽、富貴、高い地位と繁栄、名誉、好むもの、金銭的な利益、意に沿うもの、欲望するものについて言うのは陽。これには会話や物事を始める作用があると言われます。

すなわち、死、憂い、貧しさ、屈辱、ないがしろにしているもの、利益を失うようなもの、意に沿わないもの、害あるもの、刑、罰について言うのは陰。これには会話や物事を終わらせる作用があると言われます」

とあります。つまり、このようなイメージから説得の内容、周囲の状況、動かす相手のタイプなどについて「陰」と「陽」に分類して把握し、それへの対処を考えるというのが『鬼谷子』の発想です（ただし、陰陽の分類はあくまで基本。複雑な現実の中では、当然より詳細な「類」が必要であり、それもまた各章で説かれることになります）。

陰陽のイメージで特に『鬼谷子』において重要となるのは、隠す（陰）と明らかにする（陽）という対比です。

『鬼谷子』全体に通じる基本的な発想として、自分については本心や実情を隠して知られず、相手については本心や実情を明らかにして把握することが重視されます。つまり、自分が「陰」にあり、相手が「陽」にあることが理想とされるのです。

また、人を動かすにあたっての手順においても「陰」は重要であり、297ページの表でいえば、「変」から「議」までの準備と人を動かした後に去る「退」という、相手に見せない「陰」の段階こそが重要なのです。

『鬼谷子』は謀篇の中でこのことを、

「聖人の道は陰、愚人の道は陽なり」

という言葉で表現しています。

会話は往復運動の中で進んでいく――「反覆」

次に『鬼谷子』が、説得の前提となる「会話」という行為についてどのように考えているのかを見ていきましょう。

反応篇において、『鬼谷子』は会話を「反」と「覆」という概念でとらえます。「反」とはこちらから相手への働きかけ、「覆」とは相手からこちらへのフィードバックのこと。その往復運動の中で、相手に対して適切なアプローチ（反）を行い、こちらの望む言葉や行動を相手から引き出す（覆）というのが、『鬼谷子』の会話についての基本的な考え方なのです。

では、どんな「覆」を相手から引き出すべきか？

その第一となるのは、相手の「事」を表す言葉です。

「事」とは、人間の心の中にある「しようとしていること」「しなければならないと考えていること」などを指す言葉です。これを表すような言葉を会話の「反覆」の中で相手から引き出し、その言葉から把握した「事」に従って相手を動かす。これが『鬼谷子』における人を動かすた

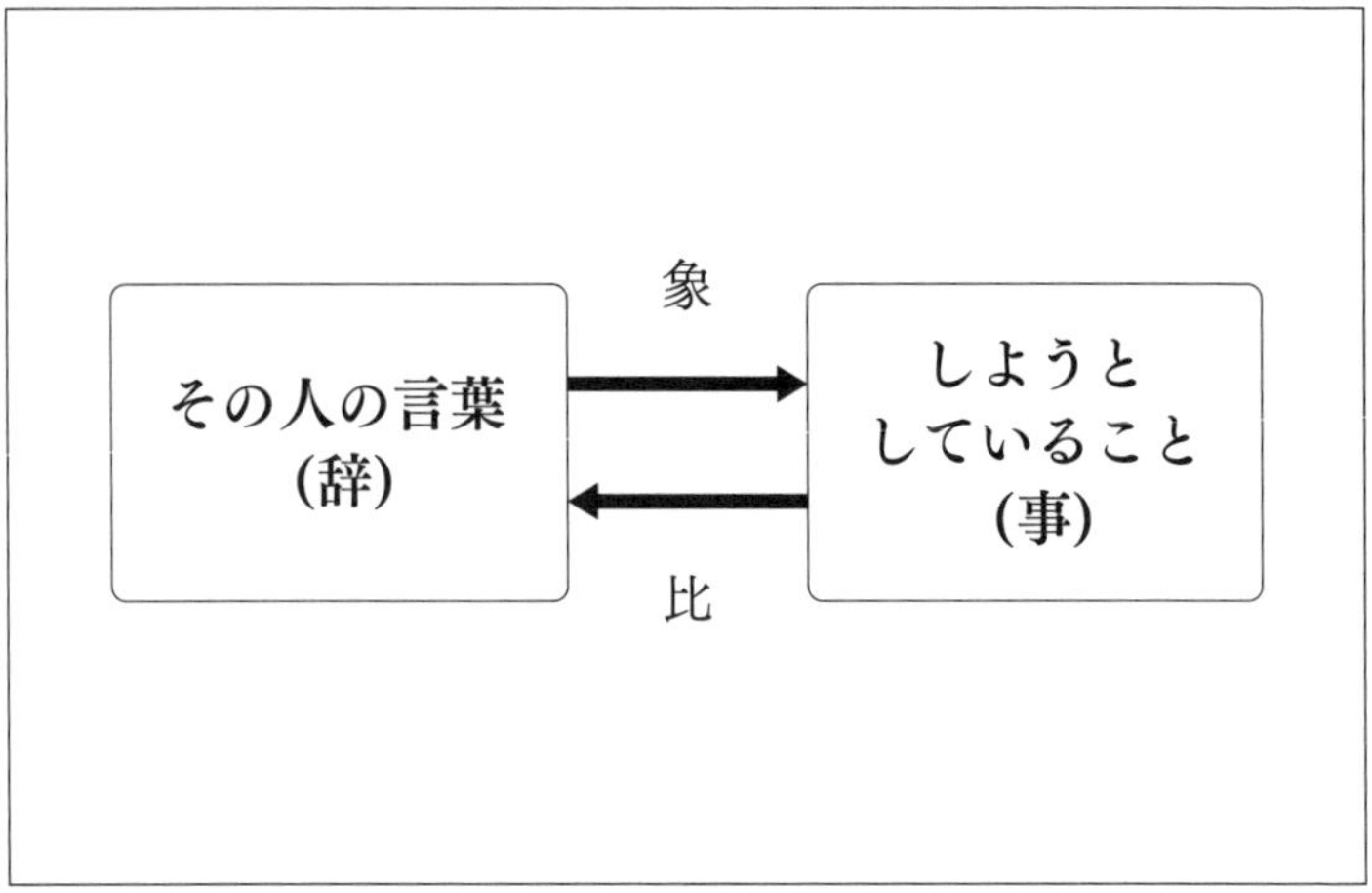

めの方程式なのです。

『鬼谷子』では、相手の言葉は必ず相手の内面にある「事」を表すと考えます。つまり、相手の言葉と相手の「事」には対応関係が必ず存在する。このことは「象比」という考え方で説明されます。

「象比」とは、相手の言葉（「辞」）には、相手の言葉を表そうとする「象」の作用があり、一方、相手の中の「事」には言葉（「辞」）に現れようとする「比」の作用があるという一対の考え方のこと。

そうした相互作用を前提に、相手との言葉の応酬（「反覆」）の中で、相手の「事」に対応する言葉を引き出すことで、相手の実態を把握する。『鬼谷子』はこう言います。

「言葉を釣り上げ、それが相手の「事」に合うものならば、相手の実質をとらえたことになります（其れ語を釣りて事に合わば、人の実を得るなり）」（反応篇）

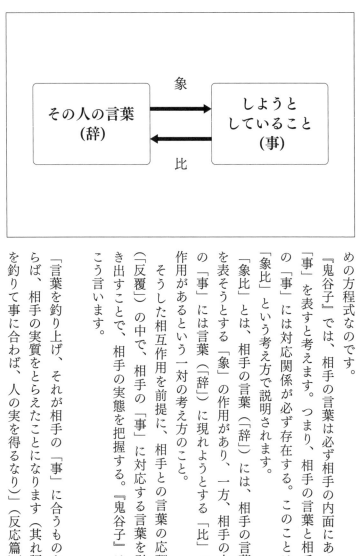

このようにして把握した相手の心の中の「事」は、『鬼谷子』において相手に就くか離れるか、相手をどう動かすか、すべての基準となるのです。

人は「関係性」で動く――「内揵」と「忤合」

次に、『鬼谷子』が何によって人を説得して動かすか、その基本的な考え方を見ていきましょう。

『鬼谷子』では、言葉で人を動かすにあたって、「相手に根拠を示し、それを正しく結論にまでつなげて見せる」といった内容の正しさによる説得は重視しません。

それよりも、普段から相手との間に個人的な関係性を作っておくことのほうがはるかにものを言うというのが『鬼谷子』の発想なのです。謀篇には次のようにあります。

「謀略に用いるには、誰にでも当てはまる公的な論理（「公」）は相手にしか当てはまらない私的な論理（「私」）にかなわず、相手にしか当てはまらない私的な論理は、個人的に結びつく関係性（「結」）にはかなわない」

内揵篇で詳しく説かれますが、『鬼谷子』ではこの関係性のことを、「内揵」と呼び、これを事前に「結」び、相手を自分の謀略に閉じ込めておくことを人を動かすための必須条件とします。全く同じ言葉でも関係性のある人間から聞かされるのと、よく知らない人間から聞かされるのでは全く効果が変わってくるからです。

また、当然そうした「内揵」を誰と結ぶのか、という去就の問題も重要であり、これについては忤合篇で説かれます。

『鬼谷子』は去就について、次の二つのポイントを説きます。一つ目が、特定の相手にこだわるのではなく、なすべき「事」に合った相手を求めて自由に去就すべきであること、もう一つが、実際の去就には、誰かに就くことが誰かに背くことになるという「反忤」の法則が働くということです。『鬼谷子』では、こうした去就のあり様を、天下を「忤合の地に包む」と表現します。

人は「感情」で動く──「飛箝」と「揣摩」

相手との関係性ともう一つ、『鬼谷子』が説得のために用いるのが相手の情緒的な反応です。つまり、相手の感情を揺さぶることで相手を動かす。今でいうところの「あおり」です。

飛箝篇では、この感情的なあおりを相手から言質を取るために用いることを説きます。これが「飛箝」の術。「飛箝」の術は、事前に相手と状況を把握し、称賛とそしりで揺さぶるのを基本とする術ですが、これをさらに発展させたのが「揣摩」の術です。これは揣篇と摩篇で詳細に語られるものですが、その特徴は「揣」と「摩」という二つのステップを踏むということ。

すなわち、まず揣の段階では、見るべき項目に従って動かす相手と周囲の外的な状況を把握する「量権」、相手の中にある、そこをつかれると反応せざるを得ない感情的なツボ（これを「内符」と言います）を把握する「揣情」の二つを行います。

そして、「揣」の段階で把握したことを前提に、実際に相手を動かすのが「摩」の段階。ここでは、相手の「内符」に合わせて「平」「正」「喜」「怒」「名」「行」「廉」「信」「利」「卑」といった様々な術を使い分けて心を揺さぶり、こちらの望む発言や行動を引き出すのです。

『鬼谷子』はいかに生きるべきかについては語らない

以上、『鬼谷子』の内容の基本的なところを述べてきましたが、ここまで見てきて気が付くように、『鬼谷子』は、こうした術を使って「何を」成し遂げるべきかについては何も語りません。「何が正しいのか」「どう生きるべきか」といった倫理や価値観に類するような話は一切しないのです。あえて言えば、『鬼谷子』にあるのは「生き残ることは正しく、殺されるのは間違っている」ということだけ。

つまり、『鬼谷子』の内容自体はあくまで中立的な理論と技術であり、それをなんのために使うのかは学ぶ者の自由なのです。

実際、鬼谷先生の弟子とされる蘇秦と張儀は、ここで説かれる同じ理論と術を用いながらも全く真逆のことを成し遂げようとしたと伝えられます。つまり、蘇秦は最強国・秦に対抗するために合縦策（秦以外の国で同盟を結ぶ策）を実現しようとし、張儀は秦のために連横策（各国が個別に秦と同盟を結ぶ策）を試みたのです。

このことは『鬼谷子』の内容を理解する上で大事なポイントです。ここには崇高な理念も邪悪な意図もありません。崇高に使えば崇高になり、邪悪に使えば邪悪になる。それが『鬼谷子』の術なのです。

主な参考文献・論文（『鬼谷子』に直接関係するもの）

■『鬼谷子』本文と訳注

『新編諸子集成続編　鬼谷子集校集注』（許富宏撰、中華書局、二〇〇八年）

※本書の底本。基本的に嘉慶十年本に拠っている。陶注だけでなく、許富宏自身の見解、歴代の様々な学者の見解も注として付せられている。また、付録として、他書に引かれながら現在『鬼谷子』の本文に見られない逸文の一覧、歴代図書目録中の『鬼谷子』についての記述の一覧、歴代の『鬼谷子』に付せられた序文と跋文の一覧、版本一覧など豊富な資料も見ることができ便利。入手もしやすい。

『子蔵　雑家部　鬼谷子巻』（華東師範大学「子蔵」編纂中心編、方勇主編、国家図書館出版社、二〇二一年）

※四巻組。中国に現存する歴代の『鬼谷子』の版本、抄本、批評などを四十三種に渡って収録している影印本。本書のテキストの対校もこの本に拠った。

『鬼谷子訳注』（鄭傑文、張偉訳注、上海古籍出版社、二〇一八年）

『新訳　鬼谷子』（王徳華、趙鵬団訳注、三民書局、二〇一五年）

※ともに最近出版された訳注書。『鬼谷子訳注』は『鬼谷子天機妙意』（後述）の訳注部分を抜き出して改めて出版したもの。底本は嘉慶十年本。注はかなり簡潔。『新訳　鬼谷子』は台湾で出版されたもの。道蔵本を底本としている。

■中国、台湾の文献

『《鬼谷子》研究』（許富宏著、上海古籍出版社、二〇〇八年）

※『鬼谷子集校集注』の著者による『鬼谷子』についての総合的研究書。作品の真偽、成立事情、思想内容、鬼谷先生の人物像など様々なトピックについて詳細に論が展開されており、その説を取るにせよ去るにせよ、現在の『鬼谷子』研究における前提というべき本となっている。同じ著者による中国語現代語訳に『中華経典名著全本全注全訳叢書　鬼谷子』（中華書局、二〇一二年）がある。

『鬼谷子天機妙意』（鄭傑文著、南海出版公司、一九九三年）

※鬼谷先生と『鬼谷子』についての考証、『鬼谷子』の説く遊説術の分析、『鬼谷子』本文の訳注の三つの部分からなる『鬼谷子』研究書。「鬼谷」は斉国にある泰山の渓谷を指すとし、鬼谷先生はそこに身を隠して蘇秦と張儀に縦横家の学問を教えたという説を唱えている。

『鬼谷子研究』（蕭登福著、文津出版社、一九八四年／修訂再版二〇一六年）

※台湾で発表された先駆的かつ総合的『鬼谷子』研究書。後半部に嘉慶十年本に従った本文と著者による訳注、現代語訳も載せられている。再版時に本経陰符七術以下（本書で言う第四部）を後世書かれたものとした初版の主張が撤回されていることに注意が必要だが、今でも参照すべき部分は多い。

『中国政略学史』（兪誠之著、陳克艱・劉海琴点校・上海社会科学院出版社、二〇〇九年／初版一九三三年）

※古代中国思想史を「政略学（政治策略の学）」の発展と衰退の歴史という視点から描いた研究書。この中で『鬼谷子』は近代的な科学思想に引けを取らない「政略学」の集大成として中心的に扱われ、きわめて詳細な分析が施されている。また、現在読むことのできる上海社会科学院出版社版においては、同著者による『鬼谷子』の訳注である『鬼谷子新注』が付せられている。

『縦横家研究』（熊憲光著、重慶出版社、一九九八年）

※縦横家の誕生・発展・衰退の流れを追った研究書。『鬼谷子』は縦横家理論の集大成として、一章を割いて詳細に分析される。

『鬼谷山　鬼谷子与道教文化』（房立中編著、二十一世紀出版社、二〇〇七年）

『鬼谷子全書』（房立中編著、書目文献出版社、一九九三年）

『鬼谷子辞典』（閻崇東編著、湖北人民出版社、一九九八年）

※以上の三冊は、『鬼谷子』と鬼谷先生周辺の記事を収録したもの。『鬼谷山　鬼谷子与道教文化』と『鬼谷子全書』には、鬼谷先生にまつわる様々な伝説、『鬼谷子』本文の他、後に鬼谷先生の著として流通した『鬼谷子命書』『鬼谷先生占気』『鬼谷子分定経』といった占術関係のテキストも収録されている（同著者による『新編　鬼谷子全書』というものもあるが、著者は未見）。『鬼谷子辞典』は、『鬼谷子』の訳注の他、用語の索引、『戦国策』に見られる縦横家の記事や、『鬼谷子』に関係する人物の伝記が載せられている。

■日本の論文

高田哲太郎「校訂鬼谷子三巻訳稿（1）～（4）」（『中国研究集刊　40』『42』『43』『44』二〇〇六～〇七年）

高田哲太郎「『鬼谷子』の文献学的考察――武内義雄説をめぐって――」（『中国の思想世界』イズミヤ出版、二〇〇六年）

高田哲太郎「『鬼谷子』の聖人観」（『集刊東洋学　96』二〇〇六年）

高田哲太郎「『鬼谷子』の「道術」」（『文化　71』二〇〇七年）

高田哲太郎「『鬼谷子』「符言篇」の位置」（『集刊東洋学　１０２』二〇〇九年）

※日本において、『鬼谷子』の全体に取り組み、内容と思想を摑み出そうとした研究は、管見の限り高田哲太郎氏の一連の孤軍奮闘の業績以外には存在しない。高田氏の研究は、『鬼谷子』を道家思想の一環、特に『老子』の言語観や「無為」の思想を受け継ぐものとして、高度に哲学的に解釈するものであり、「訳稿」に見られる訳文もかなり独特のものとなっている。当然、よりストレートに縦横家による説得と謀略の技術として解釈する本書とも解釈上の食い違いが多々存在するが、しかし依然として、氏の各論文は日本における『鬼谷子』研究の一つの到達点を示すものであって、無視することの許されないものである。

他に『鬼谷子』についての日本語論文には次のようなものがある。

武内義雄「鬼谷子を読む」（『武内義雄全集　第六巻　諸子篇』角川書店、一九七八年／初出一九二九年）

佐藤仁「鬼谷子について」（『哲学年報　18』一九五五年）

向井哲夫「従横家思想について――『鬼谷子』を中心に――」（『『鬼谷子』等中国古代文献研究』清風堂書店、

二〇二四／初出『研究誌　季刊中国　2』一九八五年）
久富木成大「『鬼谷子』における「気」の世界」（『金沢大学教養部論集　人文科学篇』一九九二年）

著者略歴────
高橋健太郎 たかはし・けんたろう
作家。横浜市生まれ。上智大学大学院文学研究科博士前期課程修了。国文学専攻。専門は漢文学。古典や名著を題材にとり、独自の視点で研究・執筆活動を続ける。近年の関心は、謀略術、処世術、弁論術や古典に含まれる自己啓発性について。著書に『鬼谷子──中国史上最強の策謀術』『真説 老子──世界最古の処世・謀略の書』(草思社文庫)、『どんな人も思い通りに動かせる アリストテレス 無敵の「弁論術」』(朝日新聞出版)、『言葉を「武器」にする技術──ローマの賢者キケローが教える説得術』(文響社)、『哲学 ch』(柏書房)など多数。

鬼谷子 全訳注
──中国最古の「策謀」指南書

2024年12月5日 第1刷発行
2025年 3 月4日 第2刷発行

著　　者 高橋健太郎
装 幀 者 明石すみれ(芦澤泰偉事務所)
発 行 者 碇　高明
発 行 所 株式会社 草思社
〒160-0022 東京都新宿区新宿1-10-1
電話 営業 03(4580)7676 編集 03(4580)7680

本文組版 有限会社マーリンクレイン
印 刷 所 中央精版印刷株式会社
製 本 所 中央精版印刷株式会社

ISBN978-4-7942-2754-6 Printed in Japan 検印省略